JN105650

フリースクール＆エコビレッジで
〝じんか〟を遊ぶ

みんなの自然学校ライフイズ

川名慶彦・著

LIFE IS

VOICE

Life is....

人生は楽しむほど、うまくいく！

こんにちは、川名慶彦です。

静岡県西伊豆・松崎町にある「みんなの自然学校 ライフイズ（以降、ライフイズ）」の校長として、来校される皆さんと自然体験を通してナチュラルスローライフを楽しんでいます。

この本は、あなたが「ライフイズ」に参加していただくための招待状でありチケットです。

そのために、ライフイズがどのような場所であるかを学校の授業形式でご紹介しながら、ライフイズの魅力を伝えることで、いつか、あなたも一緒にライフイズで新たな創造活動を行っていただければと願っています。

僕がライフイズを設立したのには理由があります。

本書の「1時限目」でも詳しく僕自身のこれまでの道のりをお伝えしていますが、失敗続きの人生を歩んできた僕が数々のトライ＆エラーの中で発見した「人生を生きるための答え」がきっかけでした。

つまり、「LIFE IS（ライフイズ）とは何？」という問いを自分に投げかけて見つけた答えからすべてがはじまったのです。

その答えは、①自然と調和して生きる、②心と身体と脳をクリアにする、③人生の出来事はすべて学びのためであり、自分自身が創り出している、という３つでした。

そこで、この３つを心に留めて実践しながら、周囲の人をポジティブに巻き込みながら人生を楽しんでいると、ライフイズという場所が出来上がったのです。

これまでライフイズには、のべ300人以上の方たちに訪問していただきました。

参加者の方々からは、「人生で初めて、やるべきことがクリアになりました！」「諦めかけていた夢をもう一度、叶えていきたいです」「モヤモヤしながら生きていましたが、ライフイズで学んだことを人生に活かしていこうという気持ちになれました」などというたくさんのうれしい声をいただいています。

きっと皆さんも自分なりに「ライフイズって何？」と考えながら、ご自身の人生を見つけようとしているのだと思います。

ライフイズは、人生で悩み苦しんだ僕が「どんな人でも人生の幸せを楽しみながら追求できる」ことを目的として体系化した特別な学校です。

だから、あなたもライフイズの活動に参加していただき、「ライフイズって何？」とご自身に繰り返し問いかけながら楽しんでいると、いつしか困難な道も軽快に歩めているはずです。

この本は、このホームルームの後、ライフイズに入学したあなたに学校のオリエンテーションを行うところからスタートしていますが、あなたがピンときたページから読んでいただいてもOKです。

中には、ご自身のことを改めて見つめ直してもらうためのワークのページや、自由にアートを楽しんでいただくページも設けています。

授業の中には、目に見えないエネルギーや宇宙法則の話が出てくることもありますが、一般的な学校では学べないことも織り交ぜながら、人生を今よりも豊かなものにできるようにと工夫してみました。

さあ、それでは早速、ライフイズをご案内していきましょうか。
ようこそ、ライフイズへ！
楽しい授業のはじまりです。

川名慶彦

生後1か月で飼い始めたヤギのぷぅちゃん。
4月に来たので「エイプリル」から名付けた。
校庭の草むしり役として大活躍。

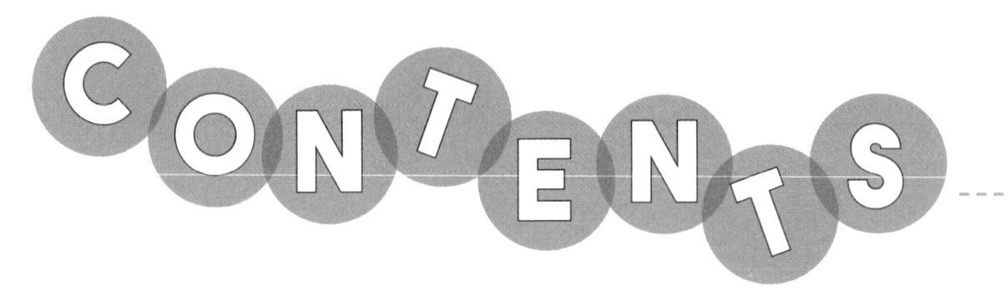

2時限目 オリエンテーションII
～生徒のあなたのことを教えて！～

3時限目 「アート」の授業
～自分の中に眠る芸術性を発見しよう～

4時限目 「道」の授業
～剣道が教えてくれた5つの道～

6時限目 「お金」の授業
～好きなことで自分をブランディングして豊かな人生を送る～

7時限目 「食」の授業
～自然の恵みの中で食を育て、いただく～

Publishing Agent：（株）ダーナ 山本時嗣
https://tokichan.com/

1時限目 オリエンテーションⅠ

~校長としての僕のこれまでの道のり~

LIFE IS journey

「ライフイズ（LIFE IS）」って何？

通常、誰もが学校に入学する時には、まずは入学時の案内であるオリエンテーションで学校に関する説明があるように、ここでも「ライフイズ(LIFE IS)」とはどのような場所なのかについてご紹介しておきます。

まずは、どなたも最初に次のような疑問を持たれるのではないでしょうか？

「ライフイズ」って、どんなところ？

「ライフイズ」で何が学べるの？

「ライフイズ」って
遊びに行くだけでもいいの？

これらの質問にお答えするなら、ライフイズとは一言で言えば、老若男女、年齢を問わない「みんなのための自然学校」です。

もちろん、“学校”という名前はついているものの、ライフイズは世の中の一般的な学校では教えてくれない本物の“学び”を自然の中で体験しながら学ぶ実践型のスクールであり、掲げているコンセプトは「しんかをあそぶ　伊豆のフリースクール＆エコビレッジ」です。

なぜ、「進化」という文字が“ひらがな”なのかと言うと、ライフイズで楽しく遊んでいるうちに“進化”も“深化”も“神化”もしていくという“しんか”がたくさんある環境だからです。

さて、通常どんな学校もその学校だけの独自の理念を掲げているように、当校ライフイズも次のような5つの理念を掲げています。

1. **子どもでも大人でも年齢や上下関係、学歴、国籍などに関係なく自由に学べること**

2. **義務教育では教えてくれない、人生に役立つ教育を学べること**

3. **日常では体験できない非日常感を味わい、内なる自分と向き合うこと**

4. **何かを創造することを実感しながら、未来を創造する“脳力”を養っていただくこと**

5. **当学校で人間形成の道を学び、人生に生かしていただくこと**

という理念です。

つまり、ライフイズとは、一般的な人々が持ついわゆる学校という概念とは正反対の在り方を追求する学校であり、そのためのコンテンツやサービスを提供している場所なのです。

では、なぜ、僕がそんな一般的な学校とはまったく違うライフイズを設立したのでしょうか。

それは、次の３つの理由からです。

現在の義務教育を受けても、うまく人生の道を歩めない人が多い

未来を創造する"脳力"を養うことで、目標達成や夢を実現することができる

3

宿泊もできる体験型スクールで脳力を養い、人生に活かせる人間形成の場所が必要である

つまり、僕自身が子どもの頃の小中学校の義務教育から高校、大学までの16年間にもわたる長年の学校生活を送ってきた中で（ほとんどの人がほぼ同じ年数の学校生活を送ってきたと思われますが）、生徒として常々感じていた学校という場所に対する疑問点や問題点を振り返ったときに、「本来なら学校や教育というものはこうあってほしい！」という自分なりの理想形を作ってみたかったからです。

現代社会における学校というシステムに対する疑問と課題は、僕だけでなく、現在、学校生活を送っている生徒たちやその親御さん、また実際に教育現場に携わっている人たちも同じように感じているのではないでしょうか。

そこで、「もし、僕が学校を作るなら、どんな学校を作りたいか？」というアイディアを形にしながら、現在進行形で試行錯誤しながら創造中なのがライフイズであり、その活動に皆さんにも参加していただくのがライフイズでもあるのです。

当然ですが、ライフイズには通常の学校で教えるようなカリキュラムがあるわけではありません。

けれども、もしあなたがライフイズを訪れて、ライフイズの仲間になっていただけるなら、きっとあなたも自分の気づかなかった能力を発見し、それらをライフイズで発揮することも可能になるはずです。

また、現在進行形で日々、創造が生まれている学校でもあるために、創造力やサバイバル力、自立する力など、人間として生きるために必要なハック（テクニックや技術、知恵）を身に付け、伸ばすことができるはずです。

さらには、そういった活動を通して、あなた自身が豊かになることもできるでしょう。

ライフイズで学べること、遊べること、できることは、きっと無限にあるはずです。

そのうちの幾つかは、あなたがライフイズにもたらしてくれるのかもしれません。

現在、ライフイズでできることについてはこの本を通して今からお伝えしていきますが、ライフイズはあなたが生徒になるだけでなく、「あなたが先生＝何かのエキスパート」になる場所でもあるのです。

時には、みんなのための食事を作る人になるかもしれないし、新たな設備を整える工事をする人になるかもしれないし、野菜の苗を植える人になるかもしれません。

きっと、あなたにもあなただけの役割やミッションがライフイズにはあるはずです。

そして、僕は一応、ライフイズの“校長”ではあるのですが、当然ながら、普通の学校の校長先生ではありません。ライフイズには校長や教頭、先生、生徒というヒエラルキーはないのです。

僕のことは、ライフイズの代表であり管理人みたいなポジションとお考えいただければうれしいです。

校長としての僕のこれまでの人生

まずは、ライフイズを運営している僕のこれまでの人生の道のりについてご紹介しておきます。

ライフイズは僕のこれまでの生き様を具現化したような場所であり、僕のキャラクターやパーソナリティがいろいろな形で結晶化したものでもあるからこそ、ここまで至る道である簡単な自伝を皆さんにシェアしておきます。

実は僕は、今でこそジェネレーションや職業、ライフスタイルを問わず、ありとあらゆる人々と日々の交流を通して活動を行っていることから、はたから見ると、アクティブで社交的な人間に見えているかもしれません。

しかし実は、子ども時代から10代の頃までの僕はどちらかというと内向的でいわゆる陰キャラでした。

そして、小さい頃から他の人より一歩秀でた勝ち組というよりも、試行錯誤を重ねながらここまでやってきたタイプだと言えるでしょう。

“負け組”だった16歳から人生をプランニング

福島県の田舎で生まれ、地方公務員の父親を持つお堅い家で育った僕の最初の挫折は、高校受験に失敗した16歳の時。

希望の進学校に落ちたことで、16歳にして、すっかり“負け組”気分を味わうことになりました。

小さい頃から両親から刷り込まれてきた“幸せな人生”のテンプレートである、「大学への進学率が高い有名高校から有名大学へ進学する。その後は大企業へ就職するか公務員への道を歩んで家族を持ち、マイホームを建てて安定した人生を過ごす」という人生すごろくのスタート地点に立てなかったのです。

はやくも両親をがっかりさせてしまった僕は、第三志望の高校へ通いながら生きる希望も失い、抜け殻状態でした。

当時は、まだまだ人とのコミュニケーションが苦手だった僕は、クラスメイトとの会話もできるだけ避け、できるだけ目立たないように、と気配を消しながら学校生活を送っていました。

けれども、「これではいけない！」「自分を立て直したい」という思いは常にどこかにあったのです。

そこで、「どうしたら自分なりに人生を楽しめるのか」「どうしたら自由に生きられるのか」と考え続けた結果、まずはとにかく、「大学に進学して一人暮らしをする」という具体的な目標を立てたのです。

ただし、この僕が希望の大学へ進学するには、全国の学力の高い優秀な生徒たちと競争するということです。それは、進学校に行けなかった僕にとって、竹やりで戦車に立ち向かうようなものであり、何か秘策が必要でした。そこで、考えた末に「推薦で大学進学する」というゴールを定めたのです。

基本的に、大学への推薦入学にもいろいろな制度があり、僕がターゲットに絞ったのは、推薦枠に入れれば99%合格できるという「指定校推薦入試」という制度でした。

これは、入試時に面接や小論文などのみで合否が判断される一見ラクな入試ではあるのですが、実際には、校内で推薦されるためには高いハードルがありました。

なぜなら、高校からはその大学に対して、本当に推薦する価値のある生徒を選ぶ必要があり、その枠も各指定校について１つの高校からは１名などと限定されています。

そこで、僕はその枠に選ばれるような“模範生徒”にならなければならなかったのです。

まずは、当然ですが学校の成績は良くあるべきなので、そこから成績アップを図るべく勉強に励み、校内で２位になるまで成績を上げて順位をキープし続けました。

次に、勉強以外には部活動も大きなポイントになります。

実は、僕が所属する剣道部は県大会へも出られないような弱小剣道部でしたが、自らの鍛錬だけでなく、チームで結束して切磋琢磨（せっさたくま）することで、僕の在校中になんと初めて県大会出場も実現することができました。これで部活動の部門もクリアできました。

さらには、資格もあった方が有利です。そこで、部活で培った剣道で「剣道三段」と、わりと難易度の高い「漢字検定２級」も取得して、他の生徒との差別化を図りました。
　このようにして、指定校推薦枠１名に選ばれるために時間と労力を費やしたのが僕の高校時代であり、友人と遊んだり、感情が揺れる恋愛に割いたりする時間は避け、すべての時間を目標達成のために捧げたのです。
　それほどまでに当時の僕にとって「一人暮らしをして自由を得る」ということは、何かを犠牲にしても得たいものだったのです。

フツーの人生より冒険できる人生を

　こうして無事に校内で推薦枠の１名に入ることになり、専修大学法学部への入学が決まりました。
　さて、念願の大学生活では、これまで犠牲にしてきた青春を取り戻すべく、東京での一人暮らしを満喫しながらサークル活動に、恋愛に、と大学生活を送る予定でした。
　ところが、入学後に必須科目の法律の勉強にはあまりが興味を持つことができず、さらには、大学に入った時点で、大学を卒業した後の未来図がすでに見えてしまったのです。
　それはつまり、卒業後に就職→結婚→マイホーム購入→ローン返済の日々→子育て→ストレスを抱えながら何十年も続く満員電車での通勤→やがて子どもも結婚→退職して静かに余生を送る、といういわゆる典型的なサラリーマンとしての人生です。
　そして、自分の周囲にいるそんな“フツーの人生”を送っている人たちがそれほど幸せそうでなかったり、魅力的な人たちには映っていなかったりすることに気づいたのです。

そこで、「そんな刺激の少ないレールに乗った人生を送るくらいなら、多少アップダウンがあったとしても冒険的な人生を送った方がいいのではないか？」と入学早々にして思うようになったのです。

そこから、そんな冒険的な人生を送っている人、人生を楽しみながら成功している人、という自分にとってのロールモデルを探す日々がはじまりました。

そのために、世の中で成功者と呼ばれる人が書いた書籍を読破し、また、そんな人たちの講演会やセミナー、異業種交流会へも足を運ぶようになりました。

また、会いたいと思う起業家や会社の社長さんには、メールで直接コンタクトを取ってアポを取り会いに行き、インタビューを通じて成功哲学を教わったりもしました。

こうして、本来なら人生の執行猶予期間である楽しい大学生活だったはずの日々が、アルバイトをしながら自己投資に邁進（まいしん）する日々へと変わったのです。

参加するセミナーや講演会などに集まる人たちの中に僕のような大学生はほぼおらず、中には１日で20万円もするセミナーに参加したこともありました。

このような日々を通して多くの成功者たちから学んだことは、「人生における成功とは、自分にとって幸せな状態を創れること」でした。

僕が出会った成功者たちはみんな、自分なりに幸せを感じられる環境を整えている達人たちだったのです。

とりわけ、そんな人たちは「心の豊かさ」と「経済の豊かさ」「健康の豊かさ」の３つを高いレベルで維持できている人たちであり、成功している人ほど固定観念に縛られない自由な生き方をしている人たちでした。

こうして、大学2年の頃からすでにビジネススーツを身に着けて大人の世界に出入りしてきた僕は、すでに大学生にしてすっかり社会人のような落ち着きを身に付け、いつの間にか自分の意見も論理的に話せるコミュニケーション術も身に付けていたのです。

普通の大学生活に退屈していた僕にとって、社会人との交流に時間を費やした大学生活は非常に有意義な時間だったと言えるでしょう。

理想と現実の違いを味わった会社員時代

さて、そんな僕が大学を卒業して就職したのは、銀座の一等地にあるIT ベンチャー企業でした。

その会社へ就職を決めた理由は、ベンチャー企業を立ち上げて成功しているユニークな人柄の社長に惹(ひ)かれたからです。

もともと、成功者に会いつづけてきた僕として、まずは尊敬できるような人の下でサラリーマン生活を3年間はやってみようと思っていたわけですが、結果的に、その現実はかなり厳しいものになりました。

配属されたのは、某メガバンクのサーバー構築の設計書を作成する部署であり、銀行の ATM の暗証番号などに関する情報処理などを構築するという SE 業務でした。

毎日朝8時半から深夜の 23 時までの長時間労働に加えて、直属の上司の M さんと反りが合わず、入社早々から修行のような日々を送ることになったのです。

その部署には入社した同期はおらず、先輩もいない環境だったことから、誰にも相談できずに、メンタルを鍛えてきたはずの僕でもだんだんと精神的に参ってしまいました。

その後、別の部署に替わるものの、今度は激務のプロジェクトに携わることになり、月に250時間以上働いても残業代ゼロ、手取り17万円という超過酷な労働が待っていただけでした。

入社前には「面白い社長がいる会社で楽しく学べればいいな！」と思っていたのに、すでに心身のどちらかが壊れるか、という限界に達していました。

気づけば、大学時代にあれほど将来の理想像を明確にしていたはずなのに、いつしかそのビジョンから遠ざかっている自分がそこにいたのです。

そこからは、会社を辞める前に、「本当にやりたかったことは何だろう？」ということを自分に問いかけてみたのです。

そして、子どもの頃から好きだったこと、得意だったこと、夢中になれたものを紙に書き出してみました。

すると、そこで再認識したのは、「絵を描くことが好き」だった自分でした。

たとえば、小学4年生の文集には、当時自分の絵が学校で評価されたことで「将来は画家になりたい！」と書いていたことなども思い出しました。

そこで、忙しい会社員生活の中で時間を見つけて絵を描いてみたり、デッサン教室を覗(のぞ)いてみたりなど、アートについてアンテナを張りながら生活をしてみました。

とはいえ、さすがに今さら、この時点で油絵や水彩画などを本格的にはじめてもプロの域に達することは難しいことはわかっていました。

スプレーアートとの運命的な出会い

そんな折、インターネットである運命の出会いを果たしたのです

それが、その後の僕の人生を大きく変えた「スプレーアート」の動画でした。

スプレーアートとは、下書きをせずに一発勝負で仕上げる作品であり、数分間という短時間の間に両手と五感でスプレー缶の塗料を操りながら描いていくもので、作品が完成するまでのプロセスを見せることも１つのパフォーマンスとして知られているものです。

その動画では、ある１人のアメリカ人のアーティストがスプレー塗料の缶を両手に持ち、ほんの数分間でインパクトのある幻想的な絵を仕上げていました。

その様子を見た時に身体に衝撃が走り、「これだ！」と思ったのです。

早速、動画の投稿主でありアーティスト本人のサイトの内容をすべてチェックすると、その翌日にはスプレーアートに必要なスプレー塗料などの道具を一式揃えたのです。

そして、まずは見よう見まねで、スプレー塗料で絵を描いてみました。当然ですが、最初はさすがに落書きレベルの絵しか完成しなかったのですが、何枚も繰り返して絵を描き続けていると、次第に完成度の高い絵が仕上がるようになりました。

同時に、動画のアーティスト本人にもコンタクトして、メールでアドバイスをもらい技術も学ぶなどスプレーアートに夢中になったのです。

この情熱は、ひとえにスプレーアートが脱サラのための唯一の希望の光

だったから、というのもありました。

そして、ついにある日、会議室で「会社、辞めます！」と脱サラ宣言をしてしまったのです。

その時はまだ1枚も絵は売れていませんでしたが、妙にすがすがしい気持ちになっていました。

スプレーアートで経済的自立を叶える

こうして会社を辞めると、僕はスーツケースにスプレー塗料を数本詰めて、人通りが多い場所へと繰り出し、スプレーアートの路上パフォーマンスをはじめることにしました。

やはり、お金も人脈も才能も途上の無名アーティストが生きていくには、路上でのパフォーマンスは最適な手段だったのです。

最初の頃は1枚の絵を描き上げるまで人々に囲まれて凝視されていると、スプレー塗料を持つ手も震えてしまいましたが、だんだんと慣れていきました。

そして、「この絵はいくらで買えますか？」「どこでこれを学んだのですか？」「仕上げる絵のイメージはしているのですか？」などと、立ち止まってくれた人たちとのやりとりも楽しく感じるようになってきました。

最初は、絵の値段はお客さん側の「付け値」にしていたのですが、それだと遠慮して買わない人が多いことがわかったので、1枚3千円で販売することに決めました。

すると、1時間に10回のパフォーマンスで10枚描いた絵が8枚売れれば２万４千円の売上げになります。
　そこから必要経費を引いても粗利率は８割を超えるので、そこそこのビジネスになることもわかりました。
　毎回このやり方がうまくいくわけではありませんでしたが、「好きなことを仕事にする」という生き方を模索していたのです。

　路上で絵を描いていると、それまで出会わなかった人たちとの出会いに恵まれることも喜びの１つでした。
　たとえば、仕事帰りのサラリーマンから、買い物帰りの主婦、未来を探している学生たち、ブランド品で全身を飾る出勤前のキャバ嬢、そして行き場のないホームレスたち。
　ありのままの自分で絵を描き、さまざまな人たちとのやりとりを通して、いつの間にか、人とのコミュニケーションも好きになっていました。

　活動を本格的なものにするべく、自分でホームページも作成して、作品の画像や動画も掲載しながら、伝えたいメッセージを発信していくようになりました。
　すると、サイトを通して全国各地のイベントに招待されたり、週刊誌の取材を受けたり、店舗などに飾る作品を依頼されるようになったりなど、活動の幅も少しずつ広がっていったのです。

　また、スプレーアートをもっと広めたいという気持ちから、スプレーアートを学ぶためのDVDや冊子などの教材も作成し、500人以上の生徒さんたちがスプレーアートを学ぶことになりました。
　いつしか僕は、「日本スプレーアート協会」を立ち上げ（2010年に設立）、日本におけるスプレーアートの先駆者になり、また、スプレーアートの先生と呼ばれるようになっていたのです。

収入の方も、壁画としてスプレーアートを描いて２日間で50万円を稼ぎ、絵も１枚１万～３万円で売れるようになり、月収100万円を超えた時には初めて経済的自由を感じたものです。

転落から再起するまで

ただし、人生がそこからさらに上向きになっていくと思ったら、大間違いでした。

当時の僕は短期間である程度の成功を収めたことから、「自分はアーティストとして完璧であり、成功者である」と無意識のうちに天狗（てんぐ）になっていたのです。

夢だったアーティスト活動が自由にできることへの感謝も忘れ、謙虚さもなくなっていたようです。

プライベートでも付き合っていた彼女との別れがあると、そのうち少しずつ何かが狂いはじめ、アーティスト活動も停滞しはじめました。

そして、そのような悪循環の中で、いつしか、お金もすっからかんになっていたのです。

気づけば食パン一斤を買うのにも困るほどお金がなくなり、これまでの人生において最低レベルの生活に落ちていました。

しばらくは、魂が抜けたような虚脱状態の日々が続き、寝ても覚めてもぼーっと天井を見つめる日々が続きましたが、とにかく生きていくためにお金を稼がねばなりません。

プライドを捨てて、工事現場で日雇い肉体労働の仕事に就くことにしました。

会社員時代には SE として IT の世界に携わったり、その後は、スプレーアートのアーティスト活動をやっていたりした僕にとって、現場で外国人の作業員に命令されて単純な分別作業を行う奴隷のような肉体労働はかなりつらいものでした。

お昼には他の作業員たちが弁当を買い、自動販売機で飲み物を買う様子を見ながら、お金がない僕は持参したおにぎり２つと水だけという日々を過ごしたのです。

でも、そんな転落した日々の中でも、まだ、心の奥には小さい炎が消えずに残っていました。

それは、もう一度、アーティストとして復帰することでした。

ちょうどその頃、ホームページを通じて久々に１件の問い合わせが入りました。それは、三重県の教育委員会からの依頼で、小学校でスプレーアートの授業をしてほしい、という依頼でした。

「人生を好転させたい」と思う僕にとって、それはまさに起死回生のきっかけになる依頼でした。

そして、そのイベントの帰りに、友人に紹介されていた紅茶専門店のカフェのマスターに会いに行ったのです。そのマスターは、どん底から這い上がろうとしている僕に、心に沁みるようなアドバイスをしてくれました。

それは、「素直になること」「欲望やエゴを削ぎ落とすこと」「目指す世界は実際に存在すること」ということでした。

それまでの僕は、「アーティストとして活躍して世の中で目立ちたい」というエゴがどこかにあったのも確かです。

けれども、その日以降「誰かに必要とされる絵を描くこと。そして、メディアなどの表舞台は必要とされるなら出ていくなど、すべては自然の流れに任せる」というスタンスに意識が変わっていったのです。

すると、不思議なことに、仕事の依頼が再び少しずつ増えはじめました。
直接お金にならない仕事でも必要とされているのなら、と無償で引き受けることもありました。
そして、相手から感謝されると、こちらも感謝する気持ちが芽生えるようになり、スプレーアートに向き合う姿勢も大きく変化していきました。

すると、ちょうどその頃、テレビ局の全国ネットのゴールデンタイムのある有名な番組から出演依頼が入ったのです。
それは、誰もが知る芸能人たちの前でスプレーアート作品を仕上げるという依頼でしたが、収録では一心不乱に仕上げて番組を成功させました。
続いて、今度は別の大手テレビ局から依頼が入ることになりました。
一度、底辺に落ちた僕は自分が果たすべき使命を改めて考え直したことで、再び上昇気流に乗っていくことができたのです。

他の人の夢も叶えたい

このようにして、僕は20代にしてすでにある程度、アップ&ダウンを経ながらも、やりたいことはやってきたという充実感を得ることができたのです。
要するに、20代にして夢を叶えてしまったのです。
そうすると、次の課題がやってきました。
30代の目標は、僭越（せんえつ）ながら、今度は周囲の人の夢を叶えていきたい、と思ったのです。
やはり、自分に縁のある人たちには幸せになってもらいたいし、そんな夢を叶える仲間たちを増やしていきたいと思ったのです。
そう思うようになったのは、まずは、自分の人生はなんとか努力したり、頑張ったりすれば、ある程度はコントロールできるということ。つまり、何かを目指そうとしたり、夢を叶えたりすることは、自分次第でなんとかなる、ということです。

でも、当然ですが他の人の人生はそういうわけにはいきません。
どうして他人の人生に意識が向いたのか、というと、20代の前半くらいからなぜか、人から相談を受けることが多くなってきていました。
たとえば、ブログで僕のことを知った人、路上でのスプレーアートで出会った人、また、趣味の剣道の仲間を通じて出会った人、さらに、ＴＶに出ている僕を見て連絡してきた人などなど、さまざまな出会いを通じて、主婦、学生、サラリーマン、自営業の人など、あらゆる人々から人生相談を依頼されており、各々の悩みに対応してきていました。

「登校拒否の子どもをどうすればいいのか？」
「将来はどんなことをすればいいのか？」
「会社でウツになってしまったのをなんとかしたい……」
「どうすれば恋愛がうまくいくか」
「離婚をしたいのだけれど……」
などなど、その内容も実際には自分自身で体験していないこともありましたが、自分なりに相手の立場に立って考えアドバイスをすることで問題が解決することも多く、悩める人たちの人生が好転していくのに立ち会うことの面白さと喜びを感じるようになっていました。

これは、大学時代からあらゆる自己啓発本を読み、講演やセミナーに通い、成功者たちに会って話を聞いてきた体験に加え、自分自身も試行錯誤の日々を生きてきた体験が役立っていたようです。

また、相談者たちと向き合う際には、海外で仕入れた最高級の茶葉を使ったお茶でもてなしたり、一流の料理人から学んだオーガニック料理を振る舞ったりするスタイルも取り入れてみました。

すると、相談者たちがそんな時間を楽しみ、癒やされている様子を見ることで生きがいを感じるようにもなりました。

こうして、いつしか自然にコンサルタント的なお仕事もするようになりました。

自分が幸せになるだけでなく、他の人たちも幸せになってほしい。

また、一人ひとりが自分らしい人生を生きてほしい。

そして、そんな仲間たちと一緒に何かを創り上げていくという考え方こそが、ライフイズの原点になったのです。

人生を変えた剣道と瞑想中の出来事

また、生きていく上で大切なことを教えてくれたのは、学生時代から取り組んでいた剣道も挙げられます。

この剣道で鍛えた精神力、その瞬間に生きる力、未来を読む力、相手の気を読む力などはすべて剣道の鍛錬の中で身に付けたものです。

この剣道からの学びについては、改めて別途、73ページからの4時限目の「道」の授業でご紹介します。

さらには、4年前の33歳の時に瞑想の達人のもとで瞑想中にアクシデント的に起きた体験もまた、その後の人生の方向性を大きく変えることになりました。

これは3日間のある瞑想イベントに参加した際に、突如起きた「幽体離脱(体外離脱)」の体験を通して悟りの境地を垣間見たという出来事であり、この時の体験が新たな視点で人生を捉えるきっかけになったというものです。

それでは、ここではその時の体験についてお話ししましょう。

それは、海外からある名だたる瞑想の達人が来日するという噂を聞き、そのイベントに興味を持ったことからはじまりました。

というのも、それまですでに剣道を通して、自己流とはいえ、自分の精神を研ぎ澄ますための修練を行ってきたつもりだったからです。

剣道のような厳しいレッスンを通してそれらを身に付けてきた僕にとって、「座禅を組み瞑想することで悟りの境地に至れるのなら、そんなに簡単なものはないのではないか？」と思ったのです。

そこで、そんな形で本当に悟れるものなら、自分でもチャレンジしたいと思いました。

それまで、インドを旅することくらいしかスピリチュアルの世界には足を踏み入れたことがなかった僕は、友人から「事前に断食をしておくと、より精神がクリアな状態になれるよ」とか「瞑想の世界に形から入るためにも、白い服で行くのがおすすめ」などというアドバイスをそのまま鵜呑みにして、参加前に5日間の断食を行い、さらに当日は買い揃えた白い上下の服に身を包んで、意気込んでそのイベントに参加したのです。

瞑想で驚きの効果を実感

そのイベントは、携帯の電波も入らないような山の中の秘境で行われました。

現地に着くと、意外にもカジュアルでラフな恰好をした人たちばかりが十数人集まっていたので、少し拍子抜けしたのを覚えています。

さて、瞑想の先生の指導が上手だったのか、もしくは、事前の断食で心身の準備が整っていたのかわかりませんが、瞑想に初めて挑戦したにもかかわらず、初日の１日目から大きな効果を感じることができました。

まず初日は、寝ている時に夢を見ているかのような関連性のないビジョンをたくさん見ながら、瞑想を通して愛と感謝の念でいっぱいになり、「これが瞑想というものなのか！」と瞑想の素晴らしさを体感したのです。

さらに２日目は、初日の何倍もの効果を実感することになりました。

初日に感じた愛と感謝の念に加えて、至福を超えた先にある“悟りの境地”のようなものを体感し、自分なりに、人間が覚醒したらどうなるか、というような世界を垣間見たのです。思わず、恐れ多くも、仏陀（ブッダ）やイエス・キリストと同じ世界を見たような気分にもなりました。

２日目は、呼吸にも変化がありました。通常、人が１分間に行う呼吸は12～20回といわれていますが、指導を受けて瞑想をしていると深く長い呼吸が可能になり、僕の場合は、１分間に１～２回程度の呼吸のみで瞑想できるようになっていました。

最終日の３日目はさらに瞑想の質が上がり、自分自身が光に包まれるような感覚を味わいました。

呼吸も１分間かけて息を吸い、その息を３分間かけて吐くというような非常に深い呼吸ができるようになりました。
　そして、その日は、「もし、天国というものがあるのなら、こんな世界なのかもしれない」と思える境地へと至ったのです。

　例えるなら、脳をハチミツで洗われているような、甘露なエネルギーが全身に降り注ぐような気持ちよさを味わい、快楽・愛・癒やしを一度に味わっているような感覚が続くのです。
　また、自分では実際には気づいていないけれど、「人間にはすべてが与えられていて、そのことを知るために生きているんだ」、ということもわかりました。

あの世へ行き、あの世から戻ってくる

　ところが、その至福感は長く続きませんでした。
　あまりにも気持ちが良すぎて、もはや、逆に精神が崩壊しそうと思った瞬間、突然、天国から今度は地獄へと突き落とされたのです。
　実はこの時、僕はあまりにも１回の呼吸で長い呼吸を保っていたことから、息が途絶えたような状態に陥っていたらしいのです。
　そこからは突如、あたかも業火の中に放り込まれたかのような感覚になり、自分の肉体がバーベキュー状態で焼かれるかのような苦しみと、自分の顎をプロボクサーに連続して殴られるような痛みが無限に続くのです。
　そして、そんな地獄を味わっている僕の頭に浮かんできたおぼろげなる意識とは、「天国の快楽と地獄の苦痛は表裏一体であり１セットなんだ」

ということでした。

つまり、生きるということは、天国、地獄のどちらか一方だけを味わうものではないということです。

また、続いて浮かんできた考えは、「この苦しみが無限に続くのは、きっとまだ、生への執着があるからだ」ということでした。

そこで、苦しみのあまり執着を手放そうと思ったのです。つまり、もうこの世に戻ろうとせず、あの世へ行こう、と決心したのです。

その瞬間の僕は、現実の瞑想の現場においても実際に倒れて横になって苦しんでいたようで、必死に歯を食いしばり、床の上でのたうち回っていたようでした。

周囲の参加者たちが僕の様子に気づくと、慌てて僕を押さえて助けようとしてくれていたのですが、それさえも僕にとっては敵が自分の首を絞めようとしている、という感覚でした。

ただし、「あの世へ行こう」と決心した途端に、そこから完全に現実を手放せたのです。

自分の魂が地獄を抜けると痛みと苦しみの世界は終わり、死の世界に光速で同化していくような感覚になりました。

よく、臨死体験をした人が自分の人生を走馬灯のように見せられる、という表現をしますが、その時の僕も人生における各場面が数百枚もの動く画像となって目の前に展開していました。

きれいな極彩色のトンネルを超高速で飛んでいく中、この時、本当に僕の心臓は止まっていたのかもしれません。

これは、夜の9時から10時だったのですが、僕の意識が戻ったのは翌朝でした。

つまり、8時間ほど意識不明の状態だったわけですが、朝に再び目覚めるまでの時間、別の次元にいた僕には1万年もの長い時間に感じられていました。

あの世にはこの世で実感できる「時間」と「空間」がないために、そのように感じられたのです。

魂の旅をしていた僕は、宇宙の図書館と呼ばれる「アカシックレコード」へ辿(たど)り着き、そこで膨大な知識を自身の中にインストールしていました。

この時、ブッダが説いた「空即是色*」も、イエス・キリストが説いた「光」や「愛」も、老子が説いた「無為自然*」も、真理を悟った者(覚者)が使う言葉はそれぞれ違えど、実は、すべてこの「源(ソース)」のことを伝えていたということが腑に落ちたのです。

それは、この場所に到達した者でないと理解できないこの世の真実であり、この世界の成り立ちでもあり、また宇宙の仕組みでもあるのです。それらのすべてを源から学ばされていたのです。

この時のことを表現するのにふさわしい言葉がないのでお伝えするのは難しいのですが、生きていても心身をクリアにして魂を磨くと、きっと誰もがこの“悟りの境地”に到達するのだと思われます。

また、その時の状況を説明すると、意識は遠のいていくのではなく、「魂=自分」の意識としてはしっかりあるという感覚でした。

創造主と合体して自らが神となり、めくるめく宇宙を手中にしていた僕は、すでに「地球での人生ゲームはもういいかな」、という気持ちになっていました。

＊空即是色　万物の真の姿は実体がなく空であるが、その空はすべてを否定する虚無ではなく、それがそのままこの世に存在する姿でもある。
＊無為自然　宇宙の在り方に従って、自然のままであること。

仙人たちは、「霞(かすみ)を食って生きる」ことで「神人合一」を目指して修行しますが、人間の究極的な生き方とは行く着くところ、「源と同化してその意識のまま生きる」ということなのではないでしょうか。

この時、すでに死んでしまったと思い込んでいた僕は、死を覚悟してこのような状況になったわけではないことから、もう一度自分に問いかけてみたのです。

「人生で後悔したことはない？」「もう一回あちらの世界に戻れるなら何をやりたい？」

遺書を残してきたわけでもないしな……、と考えていると、まだ人生のパートナーに出会っていないことを思い出しました。

そして、もう一度この世に戻れるなら、ソウルメイトである相思相愛のパートナーに出会い幸せを共有したい、という思いが湧いてきました。

つまり、これまでの人生では、まだ、一般的な人間としての幸せを実現していなかったことに気づいたのです。

「できるならもう一度、あちらの世界へ帰りたい！」

そう決意して、二度目の人生を生きたいと強くイメージしました。

すると突然、背中をバン！と叩(たた)かれたような気がして、横たわっていた自分の肉体の中に魂が戻ってきました。

そこからは、瞑想前の状態に戻るまでしばらく時間がかかりました。

まるでこれまでの身体や組織、五感さえもが改めて初期化されたかのようで、新しい自分の身体に慣れていく必要があったのです。

意識が戻った瞬間は、呼吸の仕方も一瞬わからず、言葉などはしばらく出てこないし、平衡感覚もなくなっていたので、最初は歩き方も思い出せないくらいでした。

また、別の次元を漂っていた時間は違う周波数の中にいたので、こちらの世界の蛍光灯などがまぶしすぎたり、しばらくは耳にも不思議な音が響いていたりなどいろいろな不具合を感じることになりましたが、1か月ほどかけて、ようやく人間としての機能がすべて戻ってきました。
感情的にもこちらに戻ってからすぐの頃は、空や森などを眺めるだけで自然と涙が流れるような状態でした。

運命の出会いを果たし、その後の人生も加速

こうしてこちらの世界に戻ってきた僕は、まさに、文字通り「生まれ変わった新しい自分を生きる」ことになりました。
けれども、瞑想のイベント以降は、あちらの世界で見てきた真理や知識が壮大すぎて、現実の日常生活の中にそれらを落としこむことが難しく、自分自身を統合することにしばらくの間、時間がかかることになりました。

けれども、だんだんとグラウンディングができてくると、そこから本格的にアーティスト活動にシフトしていくことになりました。
そして、体外離脱の出来事から半年後、こちらの世界に戻る際に決め手になった人生のパートナーとの出会いを果たしたのです。
その出会いはとても自然な流れの中で起き、相手の女性はかつて10年前に出会っていた友人だったのです。

こうしてこの世に戻るべき目的も果たした僕は、創造能力がそこから劇的に上がり、人生のゴールに着いてしまったのです。
「さて、これからどうしよう」と思っていたちょうどその頃、神奈川の

大磯から伊豆に引っ越すことになり、ある日、廃園になっていた保育園の物件を見た瞬間に、もう１つの運命的な出会いを果たしたのです。

そして、その場所が、これからの新たな人生のステージになる、とわかったのです。

そして、「大人と子どもが一緒に人生のステージを上げられる場所をここに作ろう！」と決意しました。

それまでもおぼろげながら、いつか自分なりに学校のような、仲間たちと集えるコミュニティのようなものを作れたらいいな、とは思っていたのですが、それはまだまだ人生の後半だと思っていました。

けれども、瞑想での出来事以降、まるで人生の加速化がはじまったかのように、その廃園になった物件を見た瞬間に、「ここに自分なりの理想の世界を創造していける！」ということが確信できたのです。

そこからは、運良くその場所をトントンと入手できる運びになり、廃園が少しずつ手作業で姿形を変えていきました。

それが、現在のライフイズというわけです。

2021年10月28日の誕生日からライフイズをスタートして、1年半が経ちましたが、これまでにすでにのべ300人の仲間たちがさまざまな活動に参加してくれました。

たとえば、6年間も放置されていた園内を掃除して大量のゴミを捨てたり、子ヤギを飼うことで、子ヤギにぼうぼうになった敷地の草を食べてもらったり、DIYで鶏小屋を作って鶏を数十羽飼いながら平飼いたまごを生産して販売したり、ジャングル状態の園庭を開墾して無農薬栽培のオーガニック農園を作ったりと、仲間たちと楽しみながらライフイズを創造しているところです。

2時限目
オリエンテーションⅡ
～生徒のあなたのことを教えて！～

LIFE IS yourself

あなたの自己紹介

続いて、オリエンテーションのⅡでは生徒の自己紹介の時間です。

学校に入学すると、ピカピカの新しいクラスで生徒たち皆が自己紹介をしながら、お互いを知る時間が設けられています。

オリエンテーションⅠでは、校長である僕のこれまでの人生をご紹介しましたので、ここでは皆さんから自己紹介をしていただきます。

あなたは、どんな人？

どんな勉強をしていたり、
どんな仕事をしていたりする人？

どんな夢を持っている人？

何が好きで、何が苦手な人？

これから、あなたとライフイズでどんなことができるのか、オリエンテーションを通して、一緒に考えていきましょう！

次からの空欄にそれぞれあなたのデータを書いてみてください。

あなたのデータ

名前（Name）	
生年月日（Date of Birth）	
職業（Profession）	

あなたのことを一言で表す言葉（自分で自分を分析してみる）

例）心配性、飽きっぽい、涙もろい、恥ずかしがり屋、モノが捨てられない etc…

夢・目標（Your Dream/Future Plan）

例）プロのダンサーになって、将来は振付師にもなりたい。

夢や目標を叶えるために、現在やっていること

例）週に 2 回、ダンスレッスンに通っている。

夢や目標を叶えるために、今からやらなければならないこと

例）ダンサーの登竜門のコンテストなどに出ていい成績を残したい。

夢や目標を叶えたいけれど、その夢・目標をクリアするためのハードルや困難なポイント

例）LA にダンス留学をしたいけれど、必要な費用が足りない。

あなたのスキルチェック！ ～自分自身を知るために～

ライフイズ（LIFE IS）では、あなたの得意なスキルをライフイズに提供して、その代わりにあなたが必要とする何らかのサービスやスキルを受け取りながら、お互いが相乗的に豊かになっていく「スキルエクスチェンジ（技術交換）」の考え方を導入しています。

そこで、ここではあなたの得意なこと、自慢できること、実際に収入を得ているプロフェッショナルな自分のスキルや特技をリストアップしてみましょう！

でも、自分自身でも「何が得意なのかわからない！」という人もいるかもしれません。そんなときは、友人や周囲から指摘されたことや褒められたことを思い浮かべてみましょう！

また、他の人がそのことを行うと時間がかかるのに、あなたならさくっと簡単にできてしまうことも、きっとあなたの得意なことだったりします。

当然ですが、自分が「好きなこと」「夢中になれること」などもスキルになり得るものになるはずです。

他には、今はもうやっていないけれど、小さい頃に大好きだったこと、得意だったことなどもあなたの本質を表しているはずです。

ここでは、それらを明らかにしてみましょう！　リストアップすることで、自分自身を知ることができるはずです。

僕のスキル

呼吸法・瞑想

整体

ヒーリング

盆栽

養鶏

スプレーアート

DIY 作業
(大工作業)

オンライン・ビジネスコーチング＆
Web ブランディング構築

野菜作り
(農業)

剣道

陶芸

料理

人の相談に乗ること
(コンサルティング)

Let's skill exchange!

Life is

あなたの得意なことは、

誰かの必要とすること。

＼書き込んでみよう！／

あなたのスキル

禪
ZEN

LIFE IS *art*

3時限目 「アート」の授業

～自分の中に眠る芸術性を発見しよう～

ここでは、あなたの内側に眠っているアートのチカラを目覚めさせてみましょう！

アートという言葉からは、芸術品や美術品などを思い浮かべますが、アートとはモノのみを指すのではなく、本来なら、「何かを見たとき、感じたときの感性の表現が相手に伝わるもの」ということではないでしょうか。

アートは、堅苦しいものでも特別な技術が必要なものでもありません。感じるココロに耳を澄ますのがアートのはじまりです。

さあ、3時限目は、あなたの中に眠っているまだ見ぬ感性を自由に、思うがままにアートしてみましょう！

宇宙と桜

宇宙と桜をモチーフに3分間で創作した作品。海外向けに日本と宇宙のイメージを融合させたもの。

Part I My Art Gallery

スプレーアート Works

夜の摩天楼

夜のビル街を描いたスプレーアート。３分間で完成。海外ライブ配信で即完売した作品。

雪降る山と天体

たったの60秒で描いた作品。
中国からのお客様の依頼で作成。

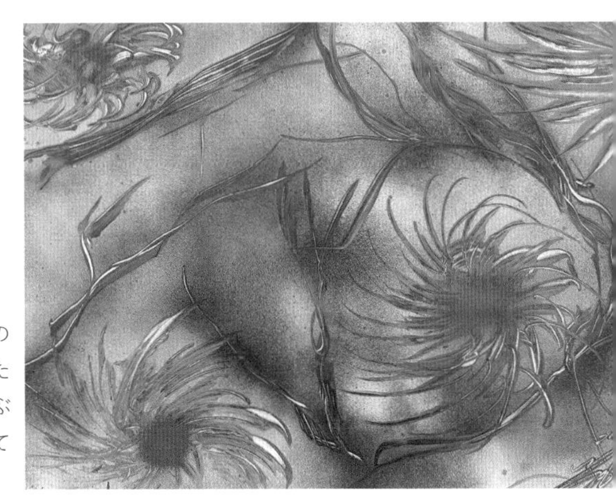

クロス・ザ・ウォール (Cross the Wall)

「壁を乗り越える」というタイトルの作品。期待と不安でいっぱいだった10～20代の頃を表現。多くの壁にぶつかり、トライ&エラーを繰り返していた日々を回想して。

人生の航海
(Voyage of Life)

「人生は航海である」ことを表現した作品。地球の生きとし生けるものすべてに感謝。

Space Journey
(スペース・ジャーニー)

「宇宙の旅」をイメージ。この作品にはスプレーアートの基本テクニックが網羅されており、影響を受けた海外アーティストの得意なテーマでもある。

明日への希望

明日への希望が湧くように、という思いを込めて。鳥たちも海面に映える夕陽の美しさに感動しながら今を生きている。

陶芸 Works

白クリスタルどんぶり

飲食店オーナーの依頼で作った大きめのどんぶりは、１人前の料理を盛り付けるための器として制作。フチをあえて個性的にアレンジしたところがポイント。

ブロンズ

戦国時代の武将が使っていそうな渋い色合いを表現した器。“将軍系”と呼んでいるこのシリーズは、特に、経営者の方に人気がある作品。

銀彩

一度焼いた後、贅沢に銀を塗って、再度焼成した銀彩のお皿。銀彩部分を磨くほど銀の光沢度が増していく。

ピンククリスタル

電動ろくろで白い磁器土を成形した花器。結晶模様がきれいに現れるまで試行錯誤した作品。

ブルークリスタル

妹の結婚のお祝いに作った茶碗。新しい生活の門出をイメージして内側は白いマットな仕上がりに。

ホワイトクリスタル花器

背丈の短い一輪挿し用の花器。白い磁器土で成形して特殊な釉薬をかけて焼成。

黒シルバー小皿

光沢のある黒の釉薬をかけて焼成後、銀を筆に染み込ませて手書きで丸を書いて焼成した小皿。

ブルークリスタル小皿

白い磁器土で成形して特殊なブルーの釉薬をかけて焼成。

イエロークリスタル小皿

白い磁器土で成形して特殊なイエローの釉薬をかけて焼成。

盆栽 Works

10年前から、春夏秋冬でいろんな顔を魅せる盆栽を愛でています。

ライフイズ3階の東側にあるベランダを盆栽ルームとして、数十鉢の盆栽を育てながら癒やされています。

盆栽は小宇宙。長年かけて、盆栽を１つ１つ愛でていると、その意味が深く理解できるようになりました。

僕は目利きした木を埼玉の盆栽業者さんのオークションで仕入れて、京都で学んだ盆栽の仕立て技法をベースとし、陶芸で自作した盆栽鉢に植え込んでいます。

きれいすぎない大自然を表現するために、あえて多種の草やシダ植物、苔などを生かした小宇宙を創造しています。

いぼた（水蝋）

４月前後に芽吹いて枝が伸び、その先端にラッパ状の花をたくさん付ける落葉樹。枝が横向きに伸びていくのが特徴的。かわいらしい小さな白い花や紫黒色の実が生る。

▶ まゆみ（真弓）

かわいらしいピンクの実と美しい紅葉が特徴のニシキギ科の木。実が熟すと四角い果実は割れて、中から赤い種子が顔を出す。これは荒皮性といい、幹の表面が荒いのが個性的。

▲こまゆみ（小真弓）

まゆみ（真弓）とは似ているが枝にヒレがなく、庭木としてもよく植えられる木。白い花は次第に丸い果実になり、熟すと厚い果皮が割れて少数の種子を落とす。

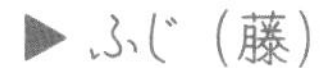

▶ ふじ（藤）

春には香りのよい青紫色の花が長く垂れ下がる蔓（つる）性の木。自作のブロンズ盆栽鉢に仕立てた。

Part II アート&創造(クリエイト)にチャレンジ

ここからは、あなたがアート&創造(クリエイト)にチャレンジしてみましょう!

僕がスプレーアートであなたのインスピレーションが湧くように、下地のキャンバスだけ仕上げておきました。

幾つかのデザインパターンを用意しましたので、その上から、また、空いているスペースを自由に使ってください。

絵を描いたり、色を塗ったり、線を引いたり、文字を書いたり、書道をしたりなど、何だってありです。

ツールも鉛筆、ボールペン、マジック、クレヨン、絵具など自由自在。貼り絵をしたり、シールを貼ってみたりするのも面白いですね。

自由に直感に従って、あなただけの世界で1つだけのアート作品を作ってみましょう。

出来上がったら、作品にタイトルをつけてみましょう!

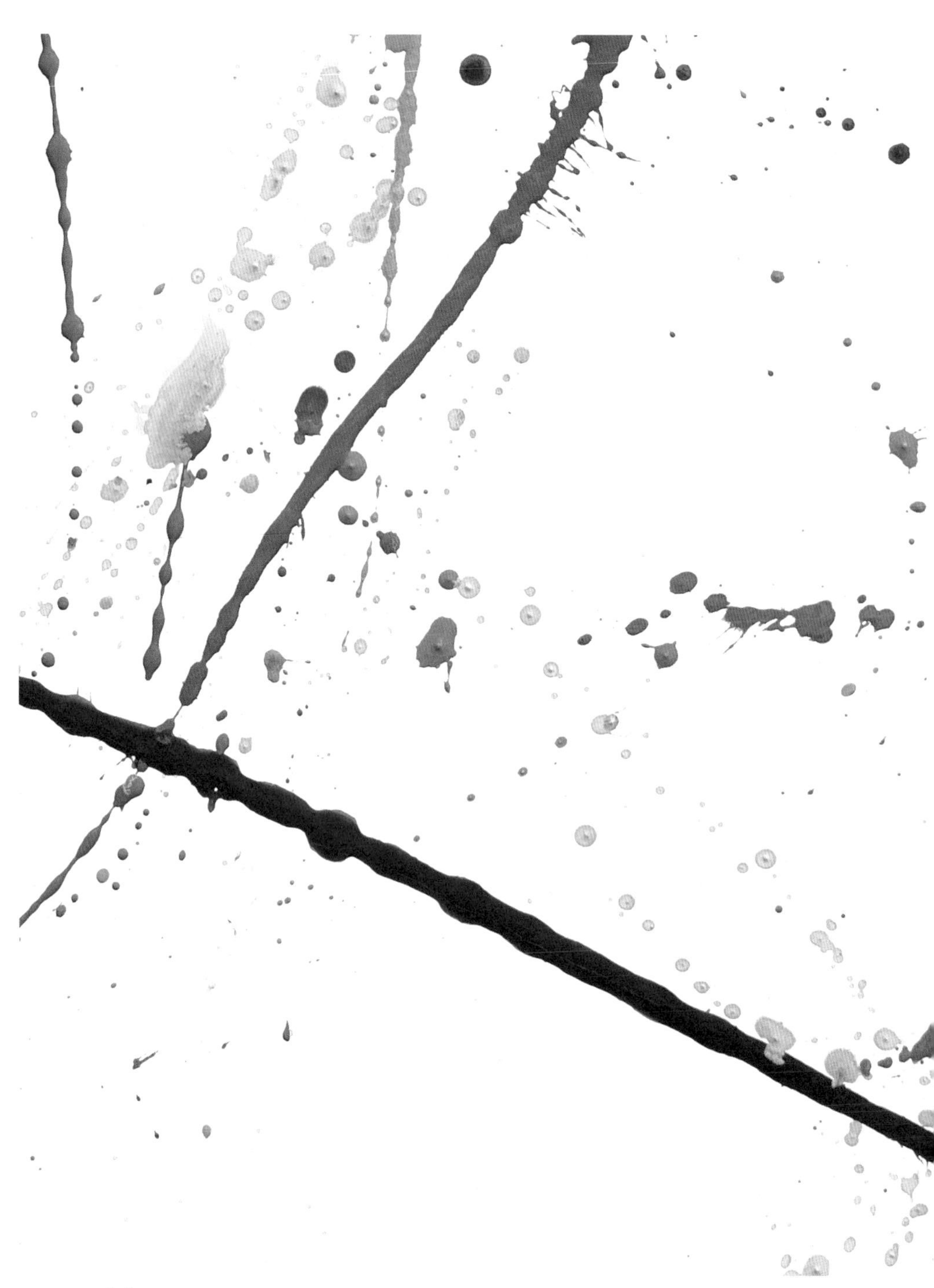

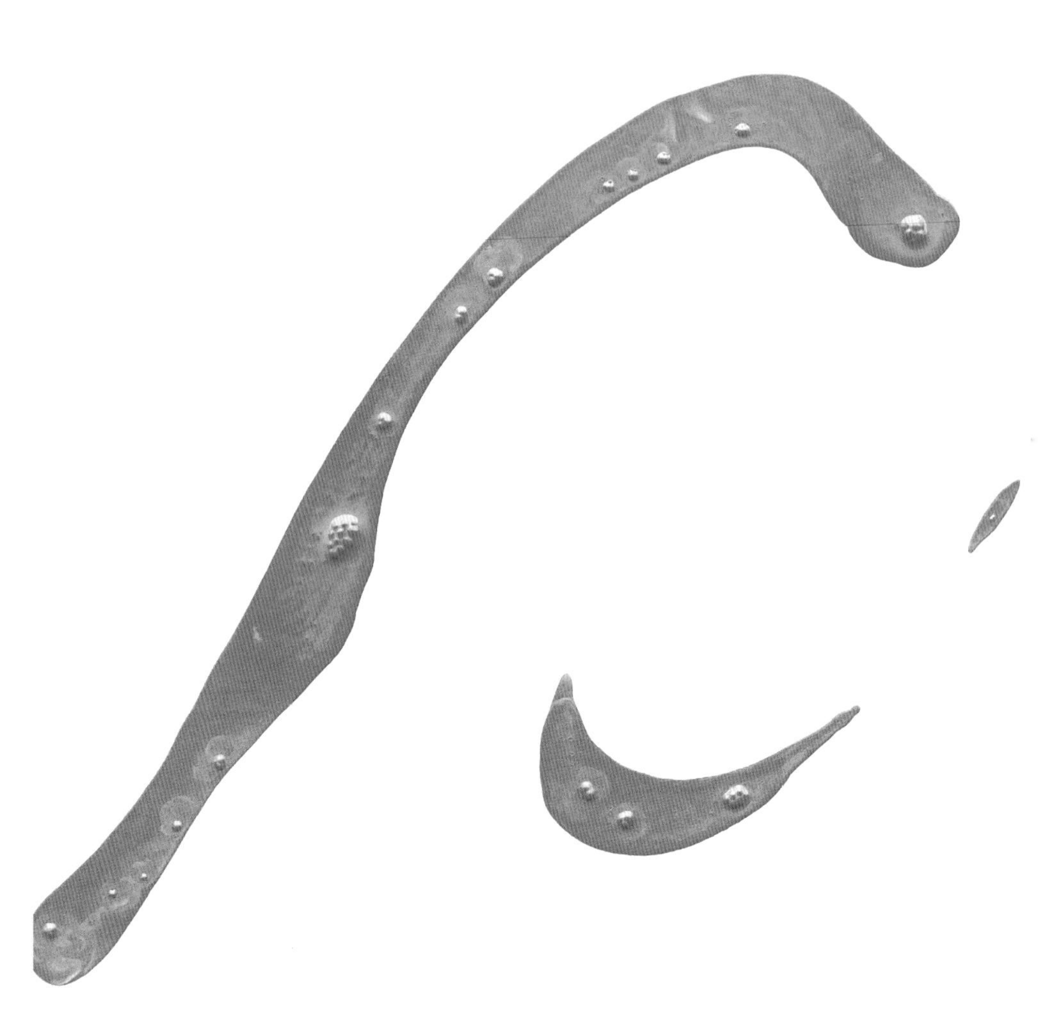

4時限目

「道」の授業

～剣道が教えてくれた5つの道～

LIFE IS *discipline*

日本人の精神性そのものである「道」

「道(どう)」という言葉はご存じですか？

「道」とは、日本に古くから伝わる伝統文化のことであり、同時に“和の心”を表す日本人の精神性そのもののことです。

また、「道」という言葉そのままに、伝統文化の技を学び、習得するための修行のプロセスのことも指します。

きっと日本で生まれた誰もが、人生のどこかのステージにおいて、何らかの形で「書道」「華道」「茶道」「合気道」「柔道」「居合道」「剣道」「弓道」などの「道」に触れたことがあるのではないでしょうか？

実際に、この僕も剣道を通じて「道」を学んだ1人でもあり、剣道が自分の考え方、生き方に大きな影響を与えたことから、ここでは「道」についてお話しします。

まず、剣道に携わっていたのは、学生時代の中学から大学までの期間であり、三段を取得して一段落した時期からは会社に就職し、そこから脱サラを経て独立するまでは剣道をする時間が取れませんでした。

しかし、31歳になった頃からしばらくぶりに剣道の道場に再び通いはじめました。

これが、いわゆるブランクの後に再び剣道をはじめる“リバ剣”と呼ばれる「リバイバル剣士」のことです。

大人になって向き合う剣道は、10代の時のようにがむしゃらにぶつかっていく剣道ではなく、相手との心理戦です。

自分のエネルギーと相手のエネルギーのぶつかり合いの中で、どのように対処していくか、というのが課題であることに気づいたのです。

特に集中してゾーンに入ると、相手の次の動きがわかるようになり、そんな領域に意図的に達することができた楽しさは、学生時代には味わえなかった剣道の奥深さでした。
こうして、道場には毎日のように通うようになり、１日３時間ほど稽古に励み、多い日は１日に２度も道場に通うなど、大人の剣道に夢中になり、学生時代の部活を超える熱心さで再び剣道に取り組んだのです。

剣道には「交剣知愛」という言葉があり、これは「剣を交えて愛（いと）しむことを知る」という意味です。
すなわち、剣道とは単純に竹刀で相手と打ち合うだけのものではなく、一度稽古した相手から、「ぜひもう一度、稽古をお願いしたい」と思われるような剣道をするように心がけなさい、ということでもあるのです。

こうして大人になって通った道場で四段も取り、道場へ通ってくる子どもたちに剣道を教えるという面白さにも目覚めました。
年配の先輩方は七段、八段を持っている人たちもいましたが、自分の中ですでに剣道を究め、極めたという気持ちになれたことで、上の段を取得するというこだわりはもうありませんでした。

剣を交えて、相手をやっつけるのではなく、相手をどう生かすのか、という「活人剣（人を活（い）かす剣のこと。本来なら剣は人を殺傷するためのものであるが、その用い方次第で人を活かすものになるということ）」を学んだからです。

また、剣道で学んだ次の「５つの教え」は、誰もが日々の生活の中にも生かせるヒントであり、剣道に触れたことがない人にも実践していただけるポイントです。

剣道で学んだ「5つの教え」

1 地の道 ——大地に堂々と根付く

「礼に始まり、礼に終わる」が基本の武道では、稽古する相手にも自分にも真剣に向き合う必要があり、また、技を繰り出す際の姿勢が重要になってきます。

姿勢を意識するということは、大地に足をつけてしっかりと大地を踏み込むということでもあり、そんな稽古を通して、威風堂々とした立ち居振る舞いが身に付くことになります。

地に足をつけて生きる大切さを説く「グラウンディング」という言葉もありますが、グラウンディングができると、心と身体がバラバラにならず、集中力も高まります。

剣道においても地の道でそれを学ぶことができます。

2 水の道 ——水の流れのように自然の流れに従う

武道においては、決して熱くならず、冷静でいることが大切です。焦ったりすることで、感情がブレると技が乱れてしまうからです。冷静でいるとは、水のように静かに流れる心境とも似ており、また、水のように流れるままにカタチを変えていく、ということでもあるのです。

つまり、相手が面（めん）を打ってくるなら小手（こて）を打ち、相手が小手を打ってくるなら合わせて小手面を打つ。相手が胴（どう）を打ってくるなら、いなして面を打つという目の前の現象に合わせて瞬時に変化するのです。

要するに、瞬時に技のすき間を読み、気と剣と身体が同時に発現する「気剣体の一致」が求められるのです。

熱くならず、クールでいることでこそ周囲の動きが読めて、的確な判断ができるということは武道だけではなく、日常生活にもそのまま当てはまります。

3 火の道 ——火のように燃え攻めの姿勢を崩さない

武道において、炎に包まれたような気迫を持つ剣士なら、技を繰り出すまでもなく、相手を圧倒することができるのです。

つまり、気だけで攻めることができれば、剣にも身体に頼る必要がないのです。

自身も剣道の試合において相手の気に攻められ、気に飲み込まれてあっと言う間に一本負けをしたことがあります。

もちろん、気合いの大切さは武道だけにとどまるわけではありません。

何事にも情熱の炎を心に燃やし続け、攻めの姿勢でいることで自分の願望や目標が達成できるのです。

風の道 ——風のように吹き流れていく

「風の道」は、風のように吹き流れていく大切さです。

これは、「水の道」で水のように流れに身を任せて形を変えながら自然に流れていく、というのとも似ていますが、風の道に必要とされるのはそのスピーディーさです。

「風のように現れ、風のように去る」という言葉もありますが、決断のはやさ、行動のはやさ、思考のはやさがその瞬間だけに訪れる好機をしっかりと捉えられるのです。

いつも颯爽（さっそう）と動ける精神と肉体をキープしておくことが、風の時代に人生を風に乗せてスピーディーに動かしていけるのです。

5 空の道 ——何もない空だからこそ入ってくる

「無念無想」という言葉があります。

これは、一切の雑念を捨てて無心になることを意味しますが、無心＝空なる心には実は何もないようですべてで満たされている、ということでもあるのです。

そして、その空なる境地から繰り出される「気・剣・体」が一致した状態には、どんなことにも代えがたい至福感が存在し、もはや、敵などいない無敵の状態となるのです。

邪心や雑念がなくクリアになった空というスペースには、無限の豊かさが降り注いでいます。
　空はある意味、ゼロではないのです。
　ただし、それを体験するには、やはり空の状態になるしかないのです。

　以上のように、剣道を通して、地・水・火・風・空という自然界の5元素でもある5つの道から学んだことが、今でも僕の生き方のベースになっています。
　ライフイズの創造においても、この考え方をさまざまな活動の中で生かすことで、さらにたくさんのスキルを習得できるようになりました。

　道の追究に終わりはありません。
　道を追究して歩んでいく過程から、人生を、生き方を学んでいくのです。
　さあ、あなたも僕と一緒に道を歩んでいきましょう！
　まずは、ライフイズの大ホールで竹刀の素振りから剣道の世界を体験してみませんか？
　これまで剣道を体験したことのない方でも、もちろん大歓迎です！

5時限目

「癒やし」の授業

～実践！　魂を癒やすセルフヒーリング～

LIFE IS *healing*

簡単なのに効果バツグン、「光の手」でセルフヒーリング

ここでちょっと一息、「休み時間」ではなく、授業を行いながら“ブレイクタイム”にしましょう。

アクティブに活動する学校という場所だからこそ、自分を癒やすための時間をあえて持ちたいものです。

そこで、5時限目は「癒やし」の授業を行います。

1時限目の僕のこれまでの道のりの中でもお伝えしたように、瞑想と呼吸法を実践してその効果を実感したことで、現在は「ヒーリング整体師」としても活動しています。

ここでは、ヒーリング整体師の僕がおすすめする誰もが簡単に実践できる「光の手」を用いたセルフヒーリングにトライしてみましょう。

このワークは、インドやネパールの修行者や世界各地の瞑想の達人から学んだヒーリングの技法をよりシンプルに、また、自分でヒーリングが行えるようにと僕が考案したものです。

ヒーリングに必要な時間は、たったの10分間だけ。

「ちょっと疲れたな」と思ったら、疲れが溜まらないうちに、早速セルフヒ　リングでリフレッシュしてみましょう！

【無料ダウンロードコンテンツ】

【特典動画】自己治癒力を高めて心身をクリアにする『セルフヒーリングの教科書』

https://life-is.school/healing-sp/

事前の準備

* 身に着けているアクセサリー類はすべてはずし、また、ワークを行う際にはカラダを締め付けない楽な服装を心がけましょう。
* スマホの電源はオフにしておきましょう。
* 1人になれる静かな場所で行いましょう。自然の中で行うのもおすすめです。
* 「Step C」でヒーリングを10分間行うので、時計など時間がわかるものを近くに置いておきましょう。

Step A　姿勢を整える

❶ 背もたれに寄りかからないように椅子に座る。
❷ 足の膝の部分が直角の90度になるようにする。
❸ 骨盤がまっすぐに立つイメージで少し前傾姿勢になる。
❹ 上半身は胸を張り開く感じを心がける。

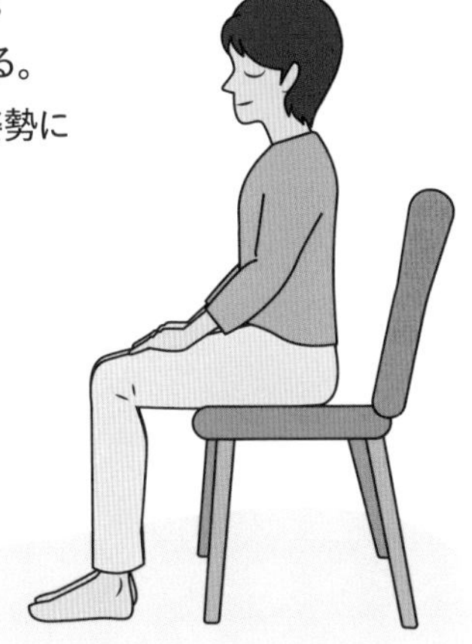

❺ 上半身の力を抜いて脱力し、上半身をだらりと床（地面）に一度つけたら、その状態から上半身を少しずつ上へと戻していく。

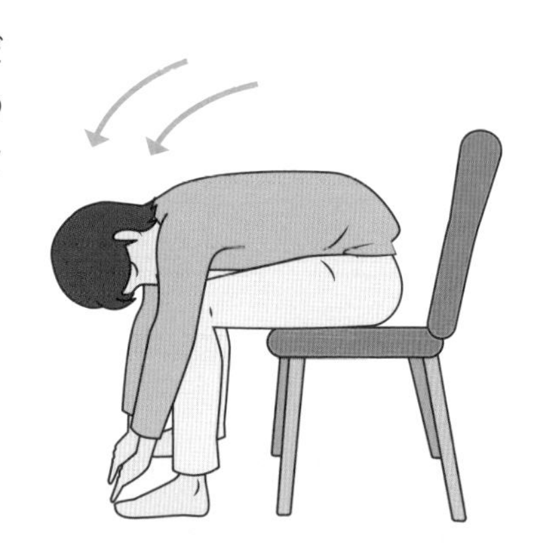

❻ その状態で椅子に再度ゆっくり座る。

ポイント

正しい姿勢を作るために、一度、しっかりと上半身の力を抜いておくことが大切です。

Step B ヒーリングするための「光の手」をつくる

❶ 両手を広げて合掌をした後、両手をこすり合わせる。

❷ 摩擦で両手が暖かくなってきたり、ピリピリとした感じがしたりしてくるので、暖かさやピリピリ感を感じてみる。このとき、自分自身のエネルギーを両手に集めるイメージをする。

❸ 両手を合わせて指と指を絡めて組み、手首からくるくると回していく。最初はゆっくりと、次第にはやく回転させていく。②と同様に生命エネルギーを手に集めるワークを行う。

❹ くっつけていた両手をゆっくり左右に離していき、両手の間に光の玉があることをイメージする。このとき、両手からヒーリングのエネルギーが出ていることを意識する。

❺ ②〜④までを何度か繰り返していると、両手間の距離が大きく離れてもエネルギーを感じるようになるのでそれまで行う。

ポイント

光の玉がピンポン玉くらいからバレーボール大くらいになるまで②〜④を繰り返してみてください。

Step C　セルフヒーリングの効果を感じてみる

❶ 目を閉じ、両手を胸の前で合わせた合掌ポジションをしたら、鼻から息をゆっくりと吸いながらそのまま両手を上へ（頭上まで）上げていく。天井を突き抜けるような感じで、天とつながるイメージをすること。

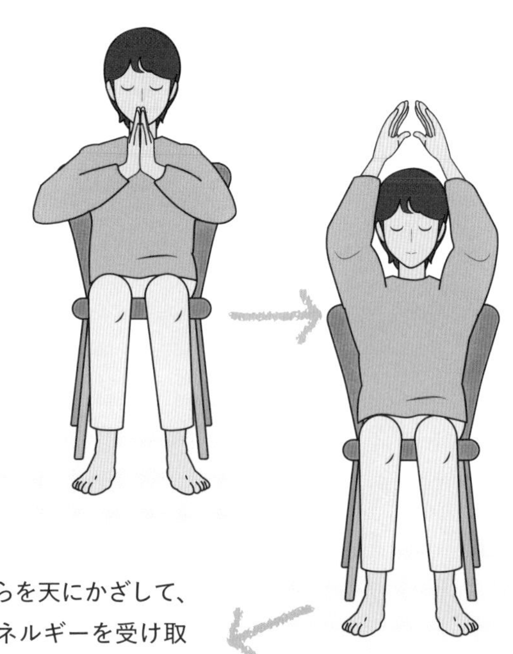

❷ 手のひらを天にかざして、光のエネルギーを受け取るイメージ。天とつながるタテのポーズ。

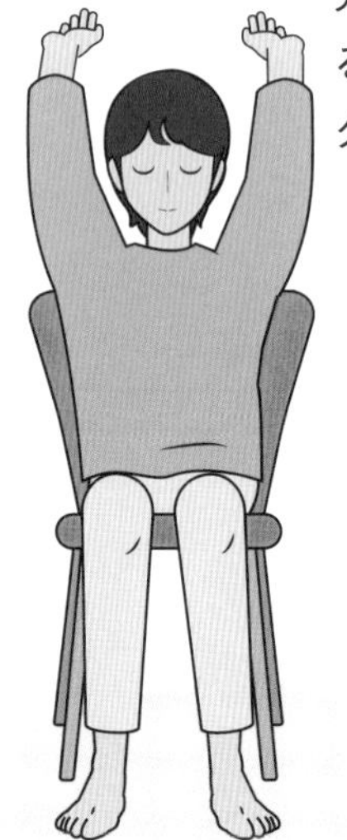

❸ 次に、鼻から息をゆっくりと吐きながら、両手（手のひらは上向き）を左右に離して降ろしていく。

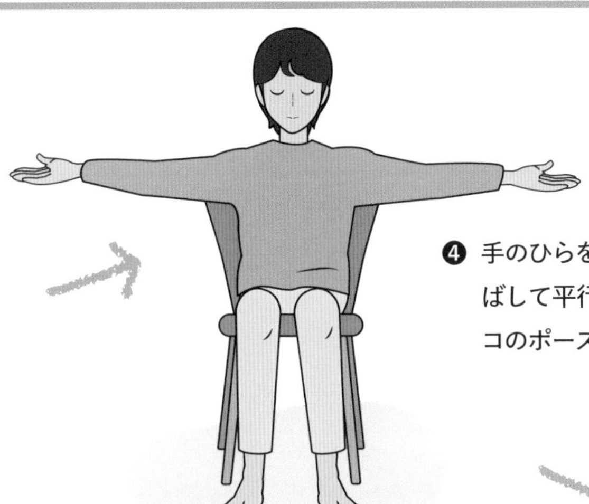

❹ 手のひらを天に向けながら両腕を伸ばして平行にする。地とつながるヨコのポーズ。

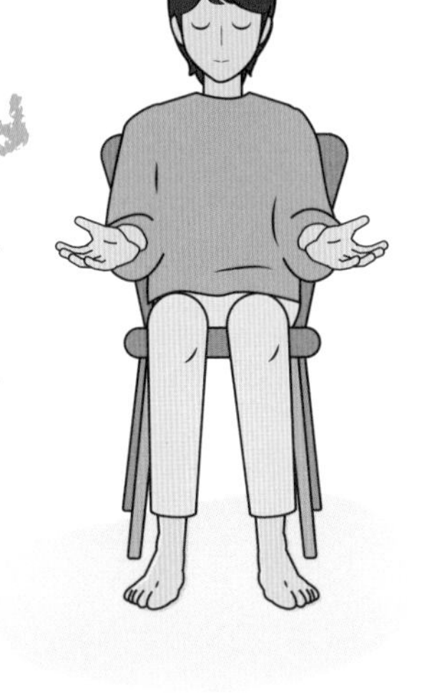

❺ 降ろした両手は「受け取りのポーズ」であるポジションに置く。このポーズがホームポジションになる。肘を軸に 90 度になるように曲げ、手のひらは天を向いたままに。

❻ ①〜⑤を繰り返す。一人ひとりの呼吸の長さは違うので、各々自分に合ったペースで行うこと。

❼ 繰り返しながら 10 分経ったら、合掌をしてホームポジションに戻って終了する。

ポイント

ヒーリング前と後の心身の状態の違いを感じてみましょう。

いかがでしたか？

このワークは、行えば行うほどにヒーリング効果を感じられるだけでなく、瞑想と呼吸法による内観によって、あなたにとってその時々に必要なメッセージも降りてくるようになるはずです。

ぜひ、光の手を用いたセルフヒーリングを日々の生活の中で生かして、心身ともに健康な状態を維持していきましょう！

心身だけでなく魂まで癒やす「ヒーリング整体」とは？

ヒーリング整体とは、僕が2019年にあの世で学んできたヒーリング能力を具現化した整体技法で、「心身の流れを読み解き、生命エネルギーを倍増させる施術」のことです。

これは、過去に習得した生命エネルギーの通り道である経絡にアプローチして治療する手技をさらにヒーリング整体として進化させたものです。その目的は心身をクリアに整えて、健康レベルを上げることでより豊かな人生を生きるため。

現在は、全国各地で健康や美容に悩むクライアントさんたちに直接お会いしながら、皆さんにはエネルギーチャージを通して元気になっていただいています。

施術での参加費は、ライフイズの運営費に充てています。ヒーリング整体は、現在はライフイズ校内にあるヒーリングサロンと、全国各地の主催者が用意する場所で受けられます。

あなたも、ぜひ機会があれば心身だけでなく魂までをも癒やす、ヒーリング整体に一度トライしてみてください！

＊ヒーリングサロン「ART REAL」サイト
https://artreal.net/

＊ヒーリング整体メニュー
https://artreal.net/menu/healing-manipulative/

ヒーリング整体を受けた方の体験談

ここでは、僕のヒーリング整体を受けた人たちの体験談を幾つかご紹介します。

人生も好転していく感じがする！

よっしーさんのヒーリング整体を昨年の秋頃に最初に受けて以降、ほぼ毎月、受けています。1回目は、押されるツボの激痛にひたすら耐えるという感じでしたが、これは私の身体の気の流れが悪い場所を整えていただいていたようです。2回目は、よっしーさんが手を私の腰に当てると不思議と悪いモノが吸い取られている感じがしました。痛いツボを押される時は、ツボの部分も熱くなりエネルギーを注入されている感じがしました。施術も数回目になると、ツボ押しの後に瞑想状態になり、身体が軽くなりフワッとして意識が違う所にあるような感覚になりました。ヒーリング整体を継続して受けていることで、不調だった体調も戻りつつあります。そしてうれしいことに、体調が良くなるにつれて人生が好転していく感じもします！

（40代　Mさん　看護士・主婦）

ギックリ腰にも効いた！

介護士の仕事をしているからか、突然ギックリ腰になり、サポーターを腰に巻いていました。そんな時、友人に紹介されてよっしーのヒーリング整体を受けたら、なんと60分間、横になっていただけで痛みの9割が改善されました。さらにその翌日には、完全にギックリ腰の痛みがなくなったので本当に驚きました。ヒーリング整体は、自分のようにハードな仕事をしていて、かつ、リラックスしたい方におすすめです！

（30代　Yさん　介護士）

難聴が改善！

私は長年にわたって右耳が聞こえづらく、日常生活を送るのが大変だったのですが、よっしーさんとご縁があってヒーリング整体を受けることができました。施術前には難聴のことを事前に伝えなかったのですが、リラックスしながらヒーリングを受けていると、脳がクリアになって、いつの間にか聞こえなかった右耳が聞こえるようになっていました！　難聴が改善されるとは思ってなかったので感謝しています。

（40代　Rさん　アクセサリー作家）

ふろん茶のかみしばい
ありがとうございます
Q. What your LIFE IS ?
LIFE IS SCHOOL
LIFE IS ART
LIFE is なぞ解き
Life is Create
Lautréamont Famille

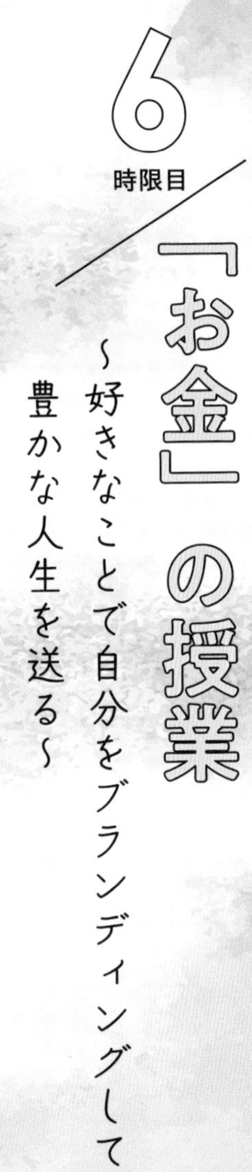

6時限目
「お金」の授業
～好きなことで自分をブランディングして豊かな人生を送る～

LIFE IS self branding

本当の豊かさって何？

さて、ここまでこの本を読んでいただいたあなたにとっての「豊かさ」とは、どのようなものでしょうか？

「豊かな人生」とは、普通なら金銭的・物質的な豊かさがある人生のことを指すかもしれません。

しかし、金銭的･物理的な充足だけで、本当に豊かな人生と呼べるでしょうか？

すでに脱サラして10年以上が経つ僕ですが、かつては、この僕自身も人生において常に「自分は何になりたいのか？」「自分は何をすべきなのか？」と自問自答してきたタイプでした。

けれどもあるとき、これらの問いの行きつく先の答えは、結局、「自分が幸せな人生が送れているかどうか」ということに尽きることに気づいたのです。

きっとこの答えは、すべての人にとって同じではないでしょうか？

その上で、「幸せな人生」とはどのような人生のことを指すのかと考えたときに、この“幸せ”という抽象的で漠然とした言葉を具体的に表現できないものかと考えてみました。

すると、「人生の幸せとは、5つの自由を満喫している」という状態があることだと気づいたのです。

それらは、次の5つの自由です。

1 時間的自由

時間的な束縛から
解放されること

2 経済的自由

経済的な束縛から
解放されること

3 精神的自由

精神的な束縛から
解放されること

4 創造的自由

創造的自由がない
束縛から解放されること

才能的自由

才能が発揮できる
環境が確保できること

基本的に、これらの５つの自由を手に入れられれば、誰もが幸せな人生を送ることができるはずです。

まずは、毎日の時間が自分の思い通りに自由に使えて（時間的自由）、お財布の中身を気にすることなくお金も自由に使えて（経済的自由）、ストレスなどなく心地よい日々が送れる（精神的自由）状態が確保できれば、「幸せな人生」だと言えるでしょう。

さらには、以上の３つの自由に加えて、僕の場合はアーティストとしての創作活動を行うことから、好きなときに、好きなことが好きなように創造できる「創造的自由」があることも必要な条件になってきます。

特に、クリエイティブな仕事をしたい人や、人生において創造性を大切にしている人にとっては創造的自由が確保されることも重要です。

最後に、「才能的自由」とは、自分の才能を思うがままに発揮できる環境が前提にあるということです。

これは、「時間的・経済的・精神的自由」の３つがベースにある環境が揃っていることで、自身の才能が目覚めて発芽し開花するというものです。

つまり、サラリーマンのような働き方だと日々時間に追われ、また、生活するためのお金を稼ぐことに追われ、そして、そのためにストレスフルな日々を送ってしまい、そのまま人生の大半を過ごし人生を終えてしまうことがほとんどです。

そんな人たちは、たとえ何か自分に特別な才能があってもそれらに気づき、また、その才能を目覚めさせるところまでいかないことも多いのです。

そこで、自分の才能を自由に発揮できる土壌＝３つの自由があることで余裕が生まれる環境を事前に作っておく、ということです。

とりわけ、クリエイティブな才能を発揮するためには、特にここの部分の条件が満たされているべきだと言えるでしょう。

好きなことをビジネスにして、それをライフワークにする

では、これらの５つの自由をすべて手に入れるには、どうすればいいでしょうか？

その方法は、１つしかありません。
それは、「自分の好きなことをビジネスにして、それをライフワークにする」ということです。
あの人気動画サイト、YouTube が「好きなことで、生きていく」というキャッチコピーをもう何年も前から広告で発信しているように、現代はまさに好きなことがそのまま自分のライフスタイルになるような生き方を実現するのが最も理想的だと言えるでしょう。

ただし、自分のライフスタイルをビジネスにまで昇華していくためには、自分自身をブランド構築していくブランディングが重要になってきます。

そこで６時限目の授業では、今の時代に欠かせないインターネットをツールに用いて、「自分の好きな仕事でオンライン起業し、自身をブランディングしながらマネタイズしていく方法」をお伝えします。

今の時代、ほとんどの人がフェイスブック（Facebook）やインスタグラム（Instagram）、ツイッター（Twitter）などの「SNS（ソーシャル・ネットワーキング・サービス）」のアカウントを１つや２つは持っているのではないでしょうか。
すでにご存じのように、SNS の活用法は趣味や遊びのレベルからビジネスのレベルまで幅広い用途や活用法が存在し、各々が自分のペースで日々の投稿を通して自己表現をしています。
今や、あなたの個性やキャラクター、ライフスタイルがそのままあなたのオリジナルのコンテンツになる時代が到来しているのです。

要するに、「あなたの人生そのものが商品であり資産になり得る」時代です。

とはいえ、SNSでの自己アピール合戦が繰り広げられている中で、どうしたら自分をブランディングしていけるでしょうか？

そこで、ここからは、オンラインで起業する際に自分自身をブランディングしていく4つのステップをご紹介していきます。

自分自身をブランディングするための4つのステップ

では、これらの5つの自由をすべて手に入れるには、どうすればいいでしょうか？

Step 1 ライフワークを見つける

最初に、改めて自分の好きなこと、夢中になれること、得意なことをリストアップした上でライフワークにできるものを絞ってみましょう。

ポイントは、そのことに人生をかけて取り組めるかどうかですが、もし、あなたがそのことが大好きで夢中になれることなら、きっとライフワークになり得るはずです。

たとえば、「タロット占いをするのは好きだけれど、月に2～3回くらいでいいかな」「ケーキ作りが好きだけれど、家族や友人のお祝いの時だけ本気で作る」という感じなら、たとえ好きなことでも、ライフワークにまでならないかもしれません。

やはり、あなたが毎日、飽きずに続けてできること、寝食を忘れるほど夢中になれることがライフワークの条件と言えるでしょう。

ライフワークにしたいと考えるものの中には、「〇〇には夢中になれるけれど、他の人と比べると全然実力がない」「お金を稼げるほどのものではない」などというものもあるかもしれませんが、この時点でプロフェッショナルの域に達していないことだって OK です。

日々、そのことをやっていくうちに、きっとプロの域に達するはずです。

また、ある人にとっては、毎日好きで続けていることが「漫画を読むこと」や「ゲームをすること」だけかもしれません。

そんな人だって、そこを深く突き詰めていけば、「漫画の評論家」となり得るかもしれないし、「ゲームクリエイター」になれるかもしれないのです。

この本の「2時限目」の「オリエンテーション II」のパートで、あなた自身が、何が得意で何のスキルがあるか、何を目標にしているのか、などを書き記してきました。

また、「3時限目」のアートでは、思いのままに創造性を発揮したり、「5時限目」のセルフヒーリングで自分を見つめることもしたりしてみましたね。

それらの作業を通して、あなたも自分自身のことを改めて再発見できたのではないかと思いますが、まずは、自分のライフワークは何になるかをここで明らかにしてみましょう。

もちろん、ライフワークは後で変わるかもしれないので、「この時点でライフワークにしたい！」と思えるくらいの感覚ではじめてみましょう。

Step 2 ライフワークにキャッチコピーやタイトル(肩書)をつける

次に、①で決めたあなたのライフワークを一言でキャッチコピー化してみましょう。

TV や雑誌の広告のキャッチコピーが覚えやすく、また、一言でその商品のことを表現しているように、ここでは、あなたのライフワークをできるだけオリジナリティのあるユニークな表現でキャッチをつけたり、タイトルをつけてみるのです。

それは、あなた自身を表す肩書のようなものかもしれません。

たとえば、僕には「ブランディング・アーティスト」という肩書があります。

これは一見、聞いたことのない職業かもしれませんが、僕はもともとアーティスト業をやりながら、さらにブランディングのメソッドを教えるブランド・コンサルタントのような仕事もしているので、この２つを合体させて「ブランディング・アーティスト」という肩書をつけたのです。

こんな感じで、肩書やタイトルなどは自分で新しく作るくらいの意気込みでいきましょう。

ただし、奇をてらいすぎるネーミングだと何を伝えようとしているのかわからないので、できるだけあなたのライフワークが一言で表現できるものを考えるようにしましょう。

今の時代は、〇〇セラピスト、〇〇コンサルタント、〇〇インストラクターという職業があふれているように、「〇〇」の部分が「あなたが何者なのか」を伝える名称になります。

ぜひ、あなただけのオリジナルな〇〇を作ってみましょう。

この○○の部分がユニークなものであるほどに、きっと、まだ会ったことのない人にも「この人に会ってみたい！」とアピールできるのです。
そして、そのアピール力があなたのブランディングにつながるのです。

Step 3 ライフワークのコンテンツをつくる

次に、ライフワークのコンテンツをつくるステップです。
ここでは、あなたのライフワークをデジタルコンテンツとして商品化・サービス化してパッケージにするステップにトライしてみましょう。
その方法を具体的に言えば、自分のライフワークを通して提供できる商品・サービスを自身のサイトやブログ、ウェブ上にあるLP（ランディング・ページ；訪問者が最初に着地するページ）やSNSの各種プラットフォームなどで可視化できるコンテンツに落として、潜在顧客の方々に届けられる状態にするということです。

まず、デジタルコンテンツの種類には文章、音声、動画という3種類がありますが、ウェブ上であなたのサイトやブログ、SNSなどの訪問者には、文章より音声、音声より動画によりその価値を感じてもらえるはずです。
当然ですが、文章だけのメールやPDFファイルよりも、音声のMP3データ、そして目と耳で同時に学べる動画コンテンツの方がより臨場感を持って情報を伝えられるので、できれば、最初から動画コンテンツを作ることをおすすめします。
また、動画だとあなた自身が出演する場合は、あなたの人となりや個性を見せることも可能になります。
もちろん、最初から動画を撮影して編集するのはハードルが高いと思う人は、文章や音声のコンテンツからスタートしてもいいでしょう。

また、コンテンツを作る際に心がけたいのは、やはり価値のあるものを作ることです。

そのコンテンツに貴重性や希少性、また、他では入手できない専門性があると、将来的にビジネスの単価も高く設定できるでしょう。

通常、デジタルマーケティングの世界では、まずは、潜在顧客にフリーコンテンツを提供することからスタートします。

集客してきた潜在顧客に対して、最初にメルマガやLINEなどで何回かにわたって無料のコンテンツを届け、その情報に価値を感じてもらえることで、最終的にあなたの有料コンテンツは購入していただけるのです。

そこで最初に届ける無料のコンテンツは、質と量にこだわり、「この人のコンテンツはボリュームもあるし、内容もしっかりしているな」と思っていただけることが重要です。

そして、そこから誘導するあなたの有料コンテンツの値段設定は、そのコンテンツ次第ではあるのですが、僕の感覚では3万～30万円くらいがメドになるかと思われます。

自分の提供する情報やサービスに自信を持てる人は、思い切って高単価の値段を設定してみるのもいいでしょう。

Step 4 ライフワークをブランディングする仕組みをつくる

最後のステップとして、あなたのライフワークをビジネスにする際、自分の商品・サービスの特性を理解して、自分にふさわしい効果的なブランディングをしていく仕組みを作ることも重要です。

ステップ③でも、簡単にオンラインビジネスの流れはお伝えしましたが、

集客をするための「ランディング・ページ（LP）」の作り方

早速、あなたも以下のステップに沿って、あなたのサイトやブログ、SNSからの訪問者が最初に訪れるランディングページ（LP）を作ってみましょう。

①**ドメイン**（インターネット上の“住所”にあたるもの）**を取る**

②**サーバー**（ネットワーク上でサービスを提供するコンピュータとシステムのこと）**を契約する**

③**ドメインとサーバーをリンクさせる**

④初心者でも簡単にサイトやブログが作成できるコンテンツ・マネジメント・システムの「**ワードプレス**（**WordPress**）」**をインストールする**

⑤ワードプレスの**管理画面の「固定ページ」から「新規追加」**をする

以降の詳細は**僕のブログ「Lifework Success　好き＆才能×自動ブランド化で 自由な起業家になるブランディングスクール」**

https://lifework-success.com/ を参照してみてください！

「IDRM（インターネット・ダイレクト・レスポンス・マーケティング）」という言葉があるように、「インターネット上で提供する情報・広告に対してレスポンス（反応）のあったお客様に、直接あなたのプロダクトやサービスを販売する」という流れを確立することです。
　つまり、インターネット上で集客ができたら、潜在顧客である人々をダイレクトに教育・啓蒙しながら、あなたのサービス・商品を販売していく、というやり方には、あなただけのスタイルがあるということです。
　IDRMを機能させながら、あなただけの仕組みができ上がると、やがて収益も上がるようになり、その活動の中であなた独自のブランディングが構築されていくというわけです。

　また、自身のビジネスの全体像を理解するためには、「タカの目」「アリの目」「トンボの目」という3つの視点で自分のビジネスを各視点から把握していきましょう。

　まず、「タカの目」でビジネスを俯瞰する目を養うということです。タカが空高く舞い空から下界を見下ろすように、客観的に自分のビジネスの全体像を広い視点から捉えることは大切です。
　反対に「アリの目」は、近距離からの視点です。働き者のアリは、常に、目の前のことだけに集中して一生懸命行っていますね。つまり、アリのように目の前のやるべきこと1点にフォーカスを置くという視点も大事です。
　最後に「トンボの目」ですが、トンボはたくさんの目を持つ複眼として知られていますが、複眼を持つトンボのように360度を見渡しながらビジネスを行うということです。さまざまな角度からあなたのビジネスを見るようにしましょう。
　このようにして3つの視点を忘れないでいることで、たとえ、困難に直面したり問題が発生したりしたとしても、解決策が見つかるはずです。

ここで僕自身が行った具体的なブランディングの方法をご紹介しておきましょう。

１つは、これまでのステップに加えて別途、「出版」を通してブランディングを行ったということです。

出版は、これまで自身が発信してきたことをコンパクトにまとめるという意味においても、ブランディングの強力なツールになります。

出版には「商業出版」「自費出版」、そしてアマゾンの電子書籍であるキンドルなどを使った「電子出版」の３つの方法がありますが、誰もがトライできるのが電子書籍による出版です。

実は、これまで僕はすでに合計23冊も電子書籍を自身で制作して出版してきましたが、出版後にSNSやブログ、メルマガ、LINEなどで情報発信することでさらにウェブ上で認知を広げていくことができるのです。

電子書籍による出版を行いながら、認知度を上げてその後に出版社との関係を築ければ、商業出版も可能になるでしょう。

また、もう１つ僕が行ったのがテレビに出演してブランド力を上げるテレビブランディングです。

１時限目のページでもお伝えしましたが、過去にスプレーアートの第一人者として、テレビ番組に何度か出演したことがあります。

ネット社会の今、テレビの力は弱くなったといわれますが、やはり、ローカルテレビ局の番組であれ、全国放送のテレビ番組であれ、一度テレビに出演するとその影響力は絶大であり一気にブランド力を上げることができるのです。

また、出演時の様子を自身のサイトやSNSで紹介することで、さらに番組を見ていなかった人々にもアピールできます。

テレビ出演をすることは、あなたのビジネスの種類や傾向にもよりますが、ぜひ、チャンスがあればトライしてみるのもおすすめです。

他にも、テレビだけでなくラジオ出演やポッドキャストへの出演、人気YouTube番組へのゲスト出演や自身のチャンネル作成など、あなたのライフワークをブランディングしていくために、あなただけの方法を探ってみてください。

楽しむことを忘れないで！

以上が自分の好きなことをライフワークにして、ブランド化していくためのステップです。

これらのステップが軌道に乗ったら、後は、自分の前を行く成功者から素直に学び、焦らずコツコツと自分のできることを日々行っていきましょう。

時には、失敗することもあると思いますが、焦らずに「今、自分がやっていることが必ず成功に結びつく」と信じてあきらめずに行うことが大切です。

特に、コンテンツの提供において大切なことは、「圧倒的な質と量でアウトプットを行う」ことです。

たとえば、競合になる他の人が10記事、または10コンテンツを作成しているのなら、自分は50とか100コンテンツを用意するほどの膨大なボリュームで対応したり、圧倒的なクオリティの情報を提供したりするコンテンツを用意するなど、できる範囲で差別化を図ってみてください。

もちろん、これらの作業を楽しみながら行えるレベルで行うことも忘れないでください！

でも、あなたが夢中になれることなら、きっとそんなことも苦労とは思わずにできるはずです。

そんなプロセスの中でのトライ＆エラーを経て、楽しみながら作業を行っていると、また新たなライフワークのステージへと一歩上がっていくかもしれません。

そんな進化もまた、あなたのさらなるブランディングにつながるはずです。そして一度、ブランディングが構築されると、自然とファンが集まり、あなたの人生そのものが自動的にブランド構築されていくという「自動ブランド化」が可能になるのです。

こんなふうに、あなたがあなたらしく心から楽しく生きることがそのままビジネスになり、それがライフワークになっている、という人生こそ、最も幸せな生き方だと思いませんか？

「そろそろ自分で何かやってみたい」「起業家としてやっていきたい」と思っている人だけでなく、自分らしい生き方を探している人こそ、ぜひ、あなたの個性をそのまま生かせる“あなた自身のブランディング”に取り組んでみてください！

【無料ダウンロードコンテンツ】

【特典動画】成功する起業家が実践している

『Web ブランディング大全』

https://life-is.school/branding-sp/

7時限目

「食」の授業

～自然の恵みの中で食を育て、いただく～

LIFE IS eating

“食べること”は、今日を生きて明日への命をつなぐこと。

そして、健康な心と身体をつくり維持するもの。

現在では、「食育*」という言葉も普及してきていますが、何かを学び、知識を増やしていく学校という場所こそ、最も必要だと思われるのが食に関する授業ではないでしょうか。

そこで、ライフイズでは食に関しても本格的に取り組んでいます。

ライフイズの校庭にある農場の「ライフイズファーム」では、養鶏だけでなく、季節ごとにさまざまな作物を育てています。

ライフイズファームが掲げる３つのコンセプトは、「健康な心身をつくる食物を自給自足する」「農薬や除草剤は使わない無農薬ベースの栽培を

行う」「手作業を基本に自然の摂理に従って、作物の成長と収穫を楽しむ」ということ。

ここでは、ライフイズファームの活動をご紹介しながら、ライフイズならではの食に対するこだわりなどもお伝えします。

あなたも、食べることの大切さに目覚めるほどに、ライフイズファームの活動に注目していただけるのではないでしょうか。

食べることが大好きな人は、ライフイズファームに集合！

*食育
農林水産省は、食育を「生きる上での基本であり、知育、徳育及び体育の基礎となるべきものと位置付けられるとともに、さまざまな経験を通じて食に関する知識と食を選択する力を習得し、健全な食生活を実践することができる人間を育てるもの」と定義している。

オーガニック野菜

最初は、草ぼうぼうだった校庭を開墾して畝作りしたライフイズのオーガニック農園。

今では、たくさんの野菜たちが無農薬でイキイキと育っています。

その種類もジャガイモ、ニンジン、オクラ、トマト、ナス、サツマイモ、タマネギ、ニンニク、パセリ、ケールなど季節の恵みがたっぷり。

自然農をベースに育つオーガニックな野菜たちは、雑草を肥料として土の中で養分が循環する仕組みで栽培されます。

あなたも、自然の摂理に従った自然農を体験したり、一緒に野菜を収穫したりして美味しい食事会を楽しみませんか？

ファームの畑

荒れた土でどれくらい野菜が育つか、最初に実験したものはジャガイモ。畝の高さと幅を変えて、収穫量がどれだけ違うかを実験。ジャガイモの品種は「メイクイーン」と「キタアカリ」。見事にたくさん収穫できた！

ナスとオクラ

スーパーに売られている慣行農法で栽培された野菜とは違い、自然農をベースとした栽培の野菜は身が大きく、味も濃い。収穫してすぐに生で食べることも可能。

ピーマン

校庭にあった園児用のジャングルジムの周囲に植えたピーマン。枯れ草を苗の周りに敷くだけで見事なピーマンがなった。

トマト

近くの竹林から取ってきた細い竹で支柱を作り、ミニトマトを栽培。無農薬栽培によりトマトの旨みが濃く、量もたくさん収穫できた。

ソラマメとタマネギ

ジャガイモを収穫した後の畝に枯れ草を敷いてから植えたソラマメとタマネギ。

養鶏 —— 平飼いたまご

DIY でつくった鶏小屋では、数十羽の鶏を飼っています。

鶏のエサも、ライフイズで収穫した野菜の一部や町内の豆腐屋さんでいただいたオカラや玄米を混ぜ込んで発酵飼料を特別に作って与えています。

鶏たちが健康に走り回ることができる運動場も作ったので、ライフイズの平飼いたまごは元気いっぱい。レモン色の黄身はぷっくり膨らんでいて、指でつまめるほど！

鶏小屋で誕生するフレッシュなたまごは、町内で仲良くさせていただいている方や、ボランティアに参加していただいた方たちにプレゼントしています。

日々の採卵

鶏たちは毎日のようにたまごを産んでくれる。栄養の供給源として、昔は自宅で鶏を飼育していた家も多かったというのも納得。

殻の色もさまざま

透明のパックに詰めたたまご。殻の色がパステルブルー、ブラウン、ホワイトと少しずつ違うのは、鶏の品種が異なるため。

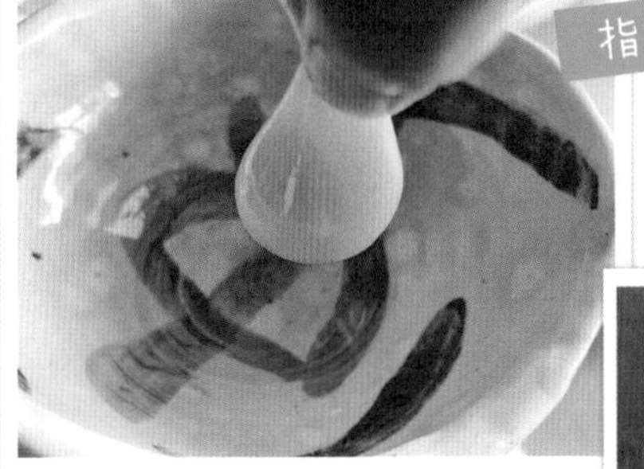

指でつまめる黄身

フレッシュな平飼いたまごは黄身もつまめるほど。

だし巻きたまご

平飼いたまごで作っただし巻きたまごは、蕎麦屋で教わったレシピの自信作。

手打ち蕎麦

蕎麦もライフイズの名物の１つです。

蕎麦は、彫刻で作った大理石の石臼をを手で回して蕎麦の実を蕎麦粉にして打ちます。

打つときは「十割蕎麦」や､一般的な蕎麦屋で出されている「二八蕎麦」として打っていますが、年末には特別に、全国各地の蕎麦を食べ歩いてきた僕がこだわる「大理石石臼自家製粉の熟成粗挽き十割蕎麦」を振る舞っています。

陶芸で作った器に、手打ち蕎麦を盛る。「料理もアート」だと考える僕が目指す“アートな蕎麦”をご賞味ください。

十割蕎麦

十割蕎麦の細打ち。天然塩につけて食べると蕎麦の風味も味わえる。

いちご蕎麦

いちごを練り込んだ、いちご蕎麦。中太打ちにして、いちごの果肉が見えるようにするのがコツ。

熟成粗挽き十割蕎麦

熟成粗挽き十割蕎麦の太打ち。打ってから数日低温で熟成させることで、蕎麦のポテンシャルが引き出されるので、味や風味が何倍にも増す。

寿司

漁港が近い松崎では、新鮮な海の幸がたくさん獲れるので、ライフイズの食卓には海の幸も盛りだくさん。

数年前に銀座のある寿司屋で感動を超えるほど美味しい寿司に出会って以来、寿司握りも研究中です。

寿司職人さんから学んだ寿司の握り方で、ライフイズではイベント時に来校していただいた方々に寿司を振る舞っています。

イベントでは、漁港から上がったばかりの魚を一匹丸ごとさばいて握り寿司にして提供して喜ばれています。

カツオの握り

自家製の秘伝の醤油で味付けしたカツオの握り。

マダイの握り

柔らかな口当たりと風味豊かな旨味が楽しめるマダイの握り。

大トロの握り

とろける美味しさで大人気の大トロの握り。炙り大トロにしても美味。

ローチョコレート

37℃以下の手作りで作るロー（非加熱）のチョコレート。カカオの栄養素を壊さずに摂取できるため、健康に意識の高い人たちの間では、「食べるサプリ」と呼ばれています。

質が高いカカオバターで作ったローチョコレートは、口に入れるとサッと溶ける上品な口触りが好評です。

海外でローチョコレートを本格的に学んだショコラティエから教わった手作りチョコも、ぜひ、お試しください！

板ローチョコレート

板チョコの型に流して固めた長さ15センチほどの板チョコをブロンズの自作の皿に添えて。

ナッツローチョコレート

ハート型のカシューナッツ入りローチョコレート。ブロンズの皿は自作のもの。

ホワイト＆ブラックローチョコレート

カカオの形をした型で作ったカカオニブ入りのホワイトチョコと、アーモンドと炭パウダーを入れた割れチョコ。恐竜のたまごをイメージした器に盛る。

放課後／「DIY (Do it Yourself)」

～ライフイズができるまで～

LIFE IS creation

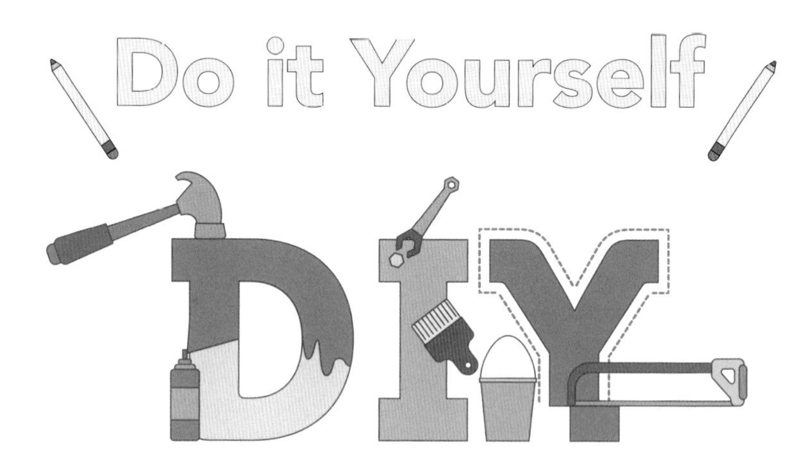

放課後は、自然の中で身体を動かしてリフレッシュしたいものですが、僕の場合は、創造する醍醐味（だいごみ）を味わえる「DIY（Do it Yourself）」が部活代わりの活動となっています。

2021年の10月からスタートしたライフイズの施設のリノベーション作業には、僕だけでなく、たくさんの仲間たちも参加してくれました。

そして、プロの建設会社の手をまったく借りずに、ほぼ手作業によるDIYで、廃園になっていた保育園の敷地が新しく生まれ変わりました。

広い敷地の各場所は、今でもその都度、用途に合わせて現在進行形で改造中です！

リノベーション前の姿

\Before/

高台にそびえ立つ、かつて保育園だった建物。もともとは、園児数が 150 人も収容できるほど巨大な保育園だった。約 45 年前、大きな山を整地して作られたこの建物は園長先生が多額の費用と知恵を注いだことがわかる。

現在のライフイズ

\After/

手を加えた箇所　～建物の内部の紹介～

\Before/

\After/

校舎の白い壁に青空をイメージして、
青いスプレーアートを施す。

夜にライトアップすると建物に施したスプレーアートが神秘的に浮き上がる。

約7年も放置されて荒れ果てていた教室や廊下もきれいに掃除をしてピカピカに！

アート作品も展示して、大人も子どもも楽しめる学校の教室らしい雰囲気が完成！

教室の1つがワークアウトする場所に変身。見晴らしのいい3階からランニングマシンで走る。

講堂のような大きなホールもあるので、大人数でのワークショップやライブ演奏が行える。

天気の良い日には、屋上での活動がおすすめ。当時はここにプールがあったらしく、シャワーが設置されている。

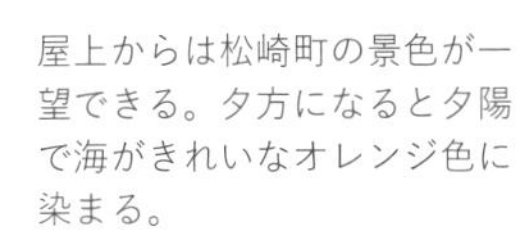

屋上からは松崎町の景色が一望できる。夕方になると夕陽で海がきれいなオレンジ色に染まる。

ニワトリ小屋のできるまで

自給自足のためにも飼っておきたいのが新鮮な卵を産んでくれるニワトリたち。そこで、廃材を使いながらニワトリ小屋が完成するまでをドキュメント形式でご紹介。

1

まずは、ジャングル化していた園庭の草刈りからスタート。チェーンソーで木を伐採してスペースを確保する。

2

保育園の廃材を再利用してニワトリ小屋のハウスにする。気持ちいい空気の中でのDIYは楽しい！

Finish

7

増築後にスプレーで塗装してニワトリ小屋完成！

DIY のメリットは、自分で何かを創り上げるという達成感を味わえるだけでなく、自分の欲しいものを、ある程度の技術と労働力、時間があれば、望むままの形で再現し完成できるということです。

また、その規模にもよりますが、創造の過程において、たくさんの仲間たちとの交流を通して深い絆も生まれるという喜びもあります。

何よりも、費用も大きく抑えられるのが DIY の良さと言えるでしょう！

都会の暮らしでは本格的な DIY は難しいかもしれませんが、小さなモノでもいいので、何かを自分で創り上げていく楽しみをぜひ生活の中で味わってほしいと思います。

支柱を建てるために土を掘り起こして大きな石を取り除く。地味な作業をコツコツと。

子ヤギが見守る中、近所の人が助っ人に来てくださり、一気に完成形が見えてきた！

保育園にあった下駄箱を改造して造ったニワトリの産卵場所。この3か所に平飼いたまごを産んでくれる！

いただいたニワトリを5羽ほど小屋に入れて、ようやくニワトリ小屋らしくなった！

LIFE IS *traveling*

休み時間 ／

ライフイズがある町、松崎をご案内！

～おすすめスポット＆ご当地MAP～

　ライフイズは西伊豆の「花とロマンの里」がテーマの町、松崎にあります。
　伝統的な建造物である「なまこ壁」で有名な町の松崎町は、温泉郷としても知られている他、春になると那賀川沿いの美しい桜並木を見物に多くの人が訪れる観光地です。
　ただし、観光地とはいっても、熱海や伊東、下田などの東伊豆側に比べて、松崎は閑静でより秘境感があるのが特徴です。
　ここでは、この町の住人である僕が特におすすめする「松崎に来たら、絶対に立ち寄ってほしい！」スポットをご紹介。
　さあ、ライフイズの休憩時間には松崎の町を探索してみましょう。
　あなただけのお気に入りスポットを見つけてみてください！

① ライフイズ

〒 410-3624
静岡県賀茂郡松崎町江奈 470
https://life-is.school

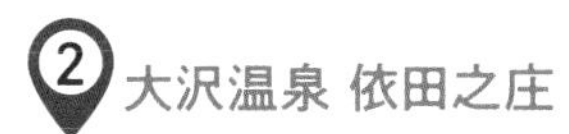

② 大沢温泉 依田之庄

老舗旅館を改装して作られた町営の日帰り温泉施設。「化粧の湯」「美人の湯」と呼ばれて人気が高い。週ごとに男湯と女湯が入れ替わるので、どちらのお湯も試してみてほしい。

〒 410-3604 静岡県賀茂郡松崎町大沢 153
TEL:0558-36-3020
営業時間：10:00 ～ 20:00　定休日：木曜日
https://www.izu-matsuzaki.com/pages/111/

③ 露天風呂 山の家

地元で一番のお気に入りの小さな露天風呂、「山の家」。250 年以上もの古い歴史を持つ源泉のお湯は、温泉通ががこぞって訪れる隠れ家的な秘湯。

〒 410-3604 静岡県賀茂郡松崎町大澤川之本 445 番地の 4　TEL:0558-43-0217
営業時間：5 ～ 8 月-8:00 ～ 21:00　9 ～ 4 月-9:00 ～ 21:00
https://notenburo.jp/

④ 桜田より道売店

ちょっとこだわりのお土産を買うならココ！　地元の人たちが生産した農産物や海産物、工芸品などを委託販売する地場産品店。価格は生産者が決めるのでお値打ちの商品が見つかることも。

〒 410-3626　静岡県賀茂郡松崎町那賀 171
TEL：0558-43-1900　営業時間 :8:00 ～ 16:00

⑤ きくや食堂（中華料理・丼物）

ライフイズの目の前にある地元の食堂。ライフイズファームを作る際に、農機具や廃材などを提供いただいた心優しいご夫婦が経営。餃子がおすすめ。

〒 410-3624　静岡県賀茂郡松崎町江奈 360-6
TEL: 0558-42-1317
営業時間 :11:00 ～ 14:00 & 17:00 ～ 19:30
定休日：水＆日曜日
http://kikuya.yu-yake.com/index.html

⑪ 松崎町の見事な桜並木

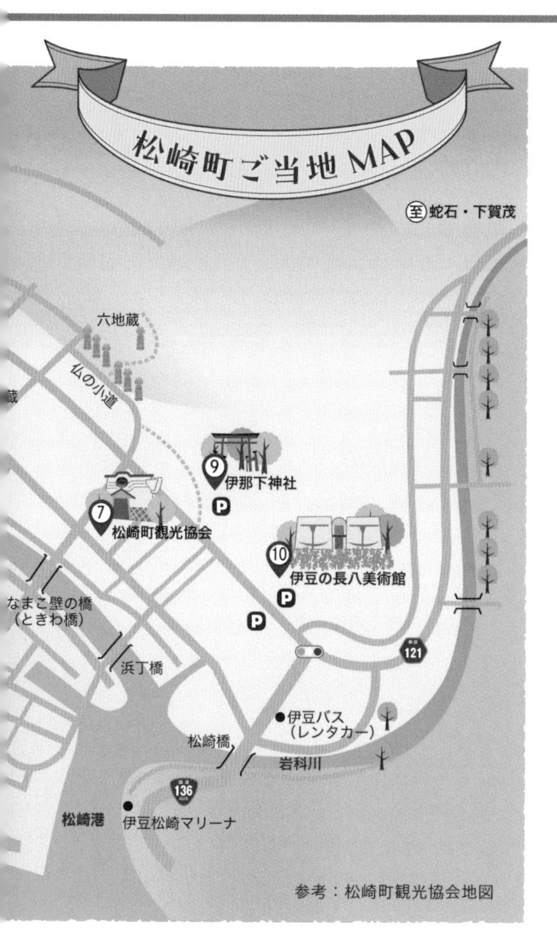

6 清水屋パン店

地元の人に愛されるパン屋さん。かつての大人気TVドラマ『世界の中心で愛を叫ぶ』で主人公が食べていた「コロッケパン」のパン屋さんとしても有名。

〒410-3624 静岡県賀茂郡松崎町江奈228-1
TEL 0558-42-0245
営業時間：月～金 7:00～19:00
土 7:00～18:00 定休日：日曜日
https://shimizuya-pan.com/index.html

7 松崎町観光協会

〒410－3611 静岡県賀茂郡松崎町松崎211
TEL: 0558-42-0745　営業時間:8:30～17:00（年中無休）
https://izumatsuzakinet.com/

8 (有)わたなべ（わさび漬）

伊豆のお土産といえば欠かせない「わさび漬」。昭和25年創業のわさび専門メーカーのわさび製品ならどれも間違いなしのクオリティ。特におすすめなのは、やっぱり地元でしか採れないフレッシュな生わさび。

〒410-3612 静岡県賀茂郡松崎町宮内211-1
TEL:0558-42-0179
wasabi@izu.co.jp
https://www.rakuten.co.jp/the-wasabi/

9 伊那下神社

牛原山の山麓にある神社で「彦火火出見尊（ひこほほでみのみこと）」「住吉三柱大神（すみよしみはしらのおおかみ）」「龍谷水神（りゅうこくすいじん）」が祀られている。境内にある樹齢千年のイチョウの御神木が有名。また、健康長寿の泉である「神明水」が湧いている。ライフイズの地鎮祭は、こちらの神主さんにお願いした。

〒410-3611 静岡県賀茂郡松崎町松崎28
TEL 090-7919-7780
http://www.inasimo-jinja.jp/page1

10 伊豆の長八美術館

漆喰（しっくい）とこての名人、入江長八の業績や伝統の左官技術を伝える美術館。

〒410-3611　静岡県賀茂郡松崎町松崎23
TEL:0558-42-2540
開館時間：9:00～17:00（年中無休）
https://www.izu-matsuzaki.com/pages/69/

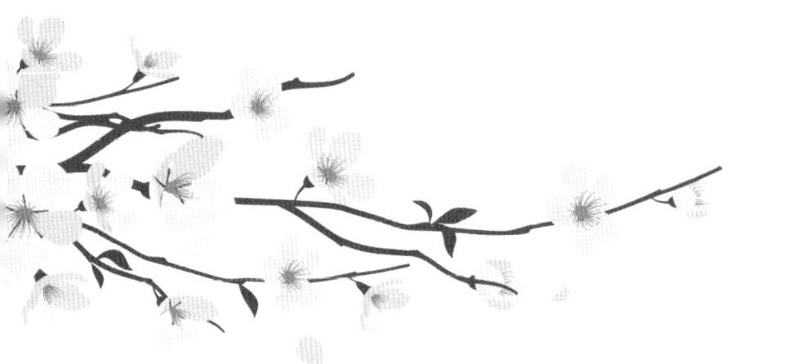

松崎町の　食べ比べをしたい！定番の名物「桜葉餅」

松崎町の代表的な名物は「桜葉餅」。

そう、一般的には「桜餅」の名前で知られている伝統的な和菓子です。

実は、松崎はこの桜餅のお餅を包む桜の葉の生産量が日本一なのです。

そんな松崎名物の「桜葉餅」は、いろいろなお店の商品があるので、どの桜葉餅が自分の好みか食べ比べてみるのもおすすめです！

Life is

あなただけのLIFE IS（ライフ イズ）を見つけよう！

まったく新しいスタイルの学校、ライフイズはいかがでしたか？

この本を通して、あなたにも「人生は自由に、アートのように創造できるんだ」ということがおわかりいただけたのではないかと思います。

また、世の中にはたくさんの成功法則があふれていますが、「幸せになり豊かな人生を自由に創造する方法」と「年齢、性別、学歴など一切関係なく大自然から学べる環境」があることもこの本の中で体験していただきました。

その上で、すべての授業を受けた今、あなたのライフイズは見つかりましたか？

見つかった人は、おめでとうございます！

もちろん、まだその答えが見つかってない人も、ライフイズはいつでも来校可能です。

ぜひ、実際にライフイズに足を運んで、あなただけのライフイズの答えを見つけていただければと思います。

さて、そろそろ授業の後のホームルームも終わる時間がやってきました。

でも、すでにあなたは「人生を変える教育」「人生をアート化する技術」「人生をステージアップする環境」を手に入れています。

だから後は、行動あるのみです。

でも、もし時に悩み、迷うことがあったら、覚えておいてください。いつでも僕はあなたの味方であり、仲間です。

あなたは､人生そのものを創造する､世界にひとりだけのアーティストです。

そんなあなたが、心から幸せだと思える人生を創り出せることを祈っています。

将来的には、ライフイズを伊豆本校の他、沖縄や海外にも分校を設立したいと思っており、僕自身も国内外の多拠点生活を楽しむライフスタイルをいつか実現したいと思っています。

その日まで、引き続き創造活動を行いながら、あなたをライフイズでお待ちしています！

川名慶彦

最後に

ライフイズにご来校の皆さん、そしてこの本の出版に関わってくださったすべての人たちに感謝いたします。

僕一人ではこの本が世に出ることはありませんでした。

本当にありがとうございます。

そして、何よりもライフイズのベースとなった敷地を含む保育園を最初に創られた園長先生に心からの感謝を。この場所があることで、今の僕が存在しています。

この本の印税は、全額ライフイズの修繕費や運営費に使わせていただきます。

ライフイズが"しんか"することで、多くの来校者の人生が好転するチャンスが生まれることから、そのための費用に活用できればと考えています。

Profile

川名慶彦　かわな よしひこ

「みんなの自然学校 ライフイズ」校長、「日本スプレーアート協会」会長。1985年福島県生まれ。専修大学法学部法律学科卒。「優婆神社」の19代目神主である祖父の家で育つ。大学卒業後、ITベンチャー企業に入社後、「スプレーアート」と出合い、絵画の常識を覆す世界に没頭する。路上でのライブペイントパフォーマンスでは、10分で120人以上の足を止め、その場で描いた絵は即完売となる。スプレーアートの第一人者としてテレビ、雑誌、新聞などのメディアで紹介される他、多くのテレビ番組にも出演。著書に『金なし！コネなし！才能なし！でも 人生を後悔しない“僕が選んだ生き方”』（メタモル出版）、『スプレーアート マスタープログラム 入門編』（マイナビ）など23冊を出版。2021年に伊豆の旧保育園をアートリメイクした「みんなの自然学校 ライフイズ　しんかをあそぶ伊豆のフリースクール＆エコビレッジ」を設立。アートスクール運営事業・Webメディア事業・コンサルティング事業・飲食事業・国際交流文化事業など多業種も手掛ける。他にも画家、ウェブコンサルタント、執筆家、宝石陶芸家、アート盆栽作家、蕎麦打ち職人、寿司職人、チョコレート職人、ヒーリング整体師、アクセサリーデザイナー、養鶏家、ブランディングアーティスト、ボイスパーカッショニストなど多分野の顔を持つ。剣道四段。

みんなの自然学校 ライフイズ
しんかをあそぶ伊豆のフリースクール＆エコビレッジ
https://life-is.school

世界を自由に旅する芸術起業家 川名慶彦 オフィシャルサイト
https://yoshi.in

みんなの自然学校 ライフイズ

フリースクール&エコビレッジで“しんか”を遊ぶ

2023年7月7日　第1版　第1刷発行

著　者　　川名 慶彦

編　集　　西元 啓子
イラスト　（有）アニー（P83～87 & P126～127）
校　閲　　野崎 清春
デザイン　染谷 千秋（8th Wonder）

発行者　　大森 浩司
発行所　　株式会社 ヴォイス　出版事業部
〒106-0031 東京都港区西麻布 3-24-17 広瀬ビル
☎ 03-5474-5777（代表）
📠 03-5411-1939
www.voice-inc.co.jp

印刷・製本　株式会社　シナノパブリッシングプレス

© 2023 Yoshihiko Kawana, Printed in Japan
ISBN 978-4-89976-548-6
禁無断転載・複製